C.H.BECK WISSEN

Die Universität ist neben Kirche und Stadt eine der Institutionen, die in Europa entstanden sind. Stefan Fischs kenntnisreiche Darstellung verfolgt ihre fast ein Jahrtausend währende Geschichte in multinationaler Perspektive und nimmt dabei ebenso den grundlegenden Wandel im Wissenschaftsverständnis in den Blick wie die sozialen Veränderungen in dieser Institution von Lehrenden und Lernenden. Vor allem der Charakter der «deutschen Universität» seit 1810, die Welt der «Grandes Écoles» in Frankreich und die angelsächsischen Traditionen werden in dieser Einführung prägnant vorgestellt.

Stefan Fisch ist Professor für Neuere und Neueste Geschichte an der Deutschen Universität für Verwaltungswissenschaften Speyer. Die Universitätsgeschichte gehört ebenso zu seinen Arbeitsgebieten wie die Verfassungsgeschichte und die Geschichte der öffentlichen Verwaltungen sowie die allgemeine Kultur- und Sozialgeschichte.

Stefan Fisch

GESCHICHTE DER EUROPÄISCHEN UNIVERSITÄT

Von Bologna nach Bologna

Verlag C.H.Beck

Originalausgabe

Gesamtherstellung: C.H.Beck oHG, Nördlingen
Reihengestaltung: Uwe Göbel, München
Umschlagabbildung: «Der Doktor des bürgerlichen Rechts an der Oxford University», aus: William Henry Pyne, Costume of Great Britain (1805), © Bridgeman Images
Printed in Germany
ISBN 978 3 406 67667 3

www.beck.de

Inhalt

I. Begriff und Anfänge der Universität: Was war an ihr neu im Mittelalter?

Der Begriff für die Universitäten, das lateinische Wort «universitas», wurde in ihrer mittelalterlichen Entstehungszeit anders verwendet, als dies heute üblich ist. Wenn wir heute Universität erklären wollen, denken wir gerne zuerst an die umfassende Vielzahl der an ihr erforschten und gelehrten Fächer oder an ihre Leistungen in der Zusammenführung dieser sehr unterschiedlichen Wissensgebiete. Damals aber drückte der Begriff der «universitas» etwas anderes aus. Er bezeichnete allgemein eine von vielen sozialen Strukturen, die alle durch ein Sonderrecht organisiert waren, was zur Unterscheidung noch einen präzisierenden Zusatz nötig machte. Die mit dem Erwerb und der Weitergabe von Wissen befasste Organisation hieß «universitas magistrorum et scholarium», Gemeinschaft der Lehrenden und Lernenden, und sie grenzte sich ab etwa gegenüber der «universitas pistorum», der Zunft der Bäcker. Im Italienischen lebt diese spezifizierende Eingrenzung noch heute weiter in der Bezeichnung «Università degli Studi».

Herrschaftszeichen wie Szepter und Bestätigungszeichen wie Siegel, zu deren Führung eine Universität und ihre Amtsträger berechtigt waren, symbolisierten im Mittelalter das eigene und besondere Recht ihrer Organisation. Der Kern des Sonderrechts der Universitäten lag darin, dass sie sich nach selbstgesetzten Regeln auf hohem Niveau mit einer Reihe von Wissensgebieten befassten; besonders wichtig war dabei, dass sie selbst darüber bestimmten, wer auf welche Weise vom Lernenden zum Lehrenden aufsteigen konnte. Mit ihrem exklusiven Vorrecht der Graduierung (erst zum «magister», dann zum «doctor») sicherten sie bis heute die Exklusivität und Kontinuität ihrer eigenen Institution.

Diese Selbstständigkeit in ihrer inneren Verfasstheit unterschied die mittelalterlichen Universitäten ganz grundlegend von ihren Vorläufern in Schulen der Antike und der drei monotheistischen Weltreligionen. Die «Akademie», Platons philosophische Schule in Athen, das der weltberühmten Bibliothek angegliederte «Museion» im ägyptischen Alexandria, der zweitgrößten Stadt des römischen Reiches, das die griechische Rhetorik pflegende «Athenaeum» in Rom und das auf alledem aufbauende «Studium» in Konstantinopel – sie alle gelangten nicht zur rechtlichen Verfestigung ihrer Selbstorganisation und damit zur Anerkennung von Leistung durch Prüfung und Graduierung. Ähnliches gilt für die religiöse Unterweisung. In den jüdischen Talmudschulen, den «jeschiwot», ging es um die Auslegung des Alten Testaments und der daraus entwickelten religiösen Gesetze. Sie wirkten weniger als verfestigte Institutionen, vielmehr durch die fortdauernde Autorität ihrer rabbinischen Lehrer, etwa der in ganz Mitteleuropa anerkannten «Weisen von Speyer». Die römische Kirche sorgte in den Bischofsstädten durch Domschulen dafür, dass Latein als die Sprache der Kirche und der übersetzten Texte des Alten wie des Neuen Testaments gelehrt wurde, und verbanden dies mit einer rudimentären theologischen Ausbildung. Im islamischen Mittelmeerraum schließlich sorgten arabische «Medresen» von Bagdad und Damaskus bis zum spanischen Cordoba und Toledo für Kenntnis und Verständnis des Korans und eine religiöse Grundbildung.

In dieser langfristigen Perspektive erweist sich die im Mittelalter entstandene Universität als eine nunmehr fast tausend Jahre alte Institution, die wie die Kirche oder die Stadt prägend für Europa und seine Identität wurde. Dabei hat sie ihre äußere Form und ihre Inhalte sehr flexibel aus sich heraus verwandeln können – dies soll den Fokus dieser europäisch orientierten Universitätsgeschichte zwischen den beiden Polen einer Organisationsgeschichte einerseits und einer Geschichte von Wissen und Wissenschaft andererseits bilden.

Salerno, Bologna, Paris: gewohnheitsrechtliche Anfänge

Ab dem Jahr 1000 etwa verfestigen sich Berichte über eine medizinische Schule in Salerno im Königreich Neapel. Eine Legende sagt, sie sei von einem Lateiner, einem Griechen, einem Juden und einem Moslem gegründet. Greifbarer ist Constantinus Africanus (wohl ein Nordafrikaner), der altgriechische medizinisch-naturwissenschaftliche Texte ins Lateinische übersetzte – aus ihrer arabischen Fassung. Auch wenn es sich eher um eine Fakultät als eine Universität handelte, über deren innere Struktur man wenig weiß, wird doch sichtbar, dass es in Salerno eine intellektuelle Offenheit und Neugier gab, dank derer unterschiedliche Traditionen im Mittelmeerraum miteinander in Kontakt traten und aufgenommen wurden.

Auch Bologna entstand am Ende des elften Jahrhunderts als Universität, die sich zunächst nur mit einem – neuartigen – Wissensgebiet beschäftigte, der Lehre vom kurz zuvor wiederentdeckten Römischen Recht. Kaiser Justinian hatte dieses begriffsscharfe und systematisierte Recht ab dem Jahre 533 in Byzanz kodifizieren und ihm dabei auch eine Zusammenfassung der gelehrten Kommentierung bis dahin beifügen lassen, die Digesten. Sie waren aber im Westen Europas und selbst in Italien in Vergessenheit geraten, bis um 1050 eine heute in Florenz aufbewahrte Handschrift aus dem 6. Jahrhundert, die «littera Florentina», wiederentdeckt wurde. In Bologna bildete sich ein Schwerpunkt ihrer Interpretation; Glossatoren betrieben schulmäßig ihre Weitergabe. Ihre Arbeit stieß in den aufstrebenden Stadtrepubliken Norditaliens auf reges Interesse, wo die Kaufleute im wiederbelebten römischen Eigentums- und Vertragsrecht verlässliche institutionelle Regelungen für ihre Fernhandelsbeziehungen fanden. Obwohl es kein Datum für die Gründung der Universität Bologna gibt, feierte sie doch 1888 deren 800. Wiederkehr. Eine Historikerkommission hatte dafür die Spanne zwischen 1080 und 1090 vorgegeben. Konkret überwog dann der Gegenwartsimpuls, das Königspaar durch die Verbindung mit der gleichzeitigen Eröffnung einer Regionalausstellung in die Stadt zu bekommen und damit mehr Aufmerksamkeit für die vom jungen Nationalstaat Italien gegenüber Turin und Neapel vernachlässigte Universität zu gewinnen.

Auch die Pariser Universität wird zwei Generationen später, um 1150, als eine sich allmählich gewohnheitsrechtlich ausbildende Organisation sichtbar. In ihr verbanden sich theologisch ausgerichtete Schulen im Umfeld der Kathedrale von Notre-Dame und unabhängige, auf Grammatik und Logik konzentrierte Schulen am linken Seine-Ufer auf der Montagne Sainte-Geneviève. Das «collège» des königlichen Kaplans und Domherrn Robert de Sorbon, Lehr- und Wohnstätte für die zumeist wenig vermögenden Studierenden in einem, gab später seinen Namen der Gesamtheit der «Sorbonne», die bis zu 50 solcher Kollegienhäuser zählte. Durch ihre Selbstorganisation gelang es den Pariser Lehrenden recht schnell, sich weitgehend von der anfänglich noch intensiven bischöflichen Steuerung zu befreien.

In Paris zeigte sich aber immer wieder auch die Macht der Studierenden, wenn sie unzufrieden waren. Um 1180 mündete das in den Auszug einer größeren Gruppe, die sich jenseits des Ärmelkanals in Oxford niederließ. In einem weiteren Schritt entstand auf dieselbe Weise im Jahre 1209 Cambridge aus Unzufriedenheit mit Oxford. Diese beiden englischen Universitäten stehen bis heute in einer ungebrochenen, in Paris vorgeprägten College-Tradition; viele Colleges waren bis vor kurzem auch stark in bestimmten Regionen verwurzelt und bauten auf einer Herkunftsgemeinschaft der Studierenden auf. Die Colleges sind weit mehr als bloße Studentenwohnheime; sie unterhalten bis heute eine breite eigene Infrastruktur für Lehre und Leben. Die meisten Lehrenden sind als «Fellows» in einem bestimmten College verankert und nicht in der Universität. Den College-Alltag bestimmen bis heute die eigenen Bibliotheken, und es erwachsen eigene Gemeinschaftsbindungen durch «Chapel» (heute ökumenisch) und «Choir», «Boat Club» und «Rugby Team» (entsprechend der englischen Tradition von Bildung durch Mannschaftsgeist). Die «Universität» ist in Oxford und Cambridge demgegenüber eher ein Verein der Colleges, der sich vor allem um die gemeinsame Organisation und Abnahme der Prüfungen kümmert.

Im Süden Frankreichs wird in Montpellier um 1150 eine Medizinische Schule und wenig später auch eine Rechtsschule um einen aus Bologna gekommenen Lehrer greifbar. Konzentriert auf diese Laien-Wissenschaften konnten sie im 13. Jahrhundert, als die Päpste im benachbarten Avignon residierten, die nachträgliche Privilegierung als Universität mit unabhängiger Stellung erreichen. In ähnlicher Weise ist auch im oberitalienischen Pavia eine 1361 offiziell anerkannte Universität aus einer deutlich älteren Rechtsschule entstanden.

Salamanca und andere Universitäten am Mittelmeer: der Regelfall der Gründung durch Privileg

Während in diesen Anfängen private Schulen und die zusammenfassende Universität noch ineinander übergehen und ein klarer Beginn des institutionellen Lebens nicht sicher auszumachen ist, gründete der leonesische König 1218 in Salamanca erstmals bewusst eine (allerdings recht kurzlebige und erst durch eine zweite Gründung fundierte) Universität. Seitdem sind fast alle Universitäten bewusst durch einen Rechtsakt der politischen Macht, sei sie fürstlich, sei sie städtisch, konstituiert und mit einer ersten Organisationsgrundlage versehen worden. Die anderen iberischen Königreiche folgten dem Vorbild Leóns noch im 13. Jahrhundert: Kastilien mit Valladolid, Portugal mit Lissabon und vor allem Coimbra und Aragón mit Lleida (Lérida). In Neapel, der Hauptstadt seines Königreichs Sizilien, gründete Kaiser Friedrich II. schon 1224 eine Universität. Sie war sehr stark auf die Machtinteressen dieses außergewöhnlichen Monarchen zentriert, der selbst mit seinem berühmten Buch über die Falkenjagd ein früher Verhaltensforscher war. Er wollte nicht nur einen Platz für die Wissenschaften in seinem Reich schaffen und aus den Absolventen der Universität die Richter und die Beamten für seinen entstehenden Verwaltungsstaat rekrutieren, sondern richtete dabei auch mit dem Verbot des Studiums im damals kaiserfeindlichen Bologna und anderswo ein Monopol seiner eigenen «Landes»universität ein, die in ihren inneren Entscheidungen von ihm abhängig wurde und weder den Studierenden noch den Lehrenden besondere Freiräume ließ. Dagegen entstand fast gleichzeitig 1222 die Universität Padua aus dem Auszug unzufriedener Bologneser Studenten. Nachdem die Universität zusammen mit der Stadt 1405 venezianisch wurde, galt sie – auch wegen der Distanz Venedigs zu den politischen wie intellektuellen Machtansprüchen von Papst und Kirche – als besonders offen. Wenn deutsche Lutheraner im katholischen Italien studierten (natürlich nicht Theologie), promovierten sie gerne hier. 1595 wurde mit der Einrichtung des ersten «Anatomischen Theaters» das Tabu über der Sektion menschlicher Körper öffentlich gebrochen, und hier lehrte Galileo Galilei von 1592 bis zu seinem Weggang nach Florenz 1610 und erforschte empirisch, gestützt auf seine Beobachtungen mit dem Fernrohr, die Planeten und ihre Monde.

Prag 1348: erste Universität im «jüngeren Europa»

Im 14. Jahrhundert folgten viele Gründungen in Frankreich und Italien, bis sich der Schwerpunkt der Universitätsgründungen allmählich vom Mittelmeerraum nach Nordosten verschob. Die erste mitteleuropäische Gründung war die der Karlsuniversität in Prag im Jahre 1348. Als König von Böhmen schuf Kaiser Karl IV. aus der Familie der Luxemburger, der selbst an der Pariser Universität studiert hatte, nach deren Vorbild nicht eine «deutsche» Universität (das hätte den Auffassungen der Zeit widersprochen, die den modernen Nationsbegriff noch nicht kannte), sondern die erste Universität in dem in der Antike niemals römisch beherrschten Teil Europas, im «jüngeren Europa» (Peter Moraw). Relativ schnell folgten dann 1364/1397 Krakau in Polen, 1365 Wien, 1367 Pécs (Fünfkirchen) in Ungarn, 1379/1392 Erfurt, 1385 Heidelberg, 1388 Köln, 1425 Löwen in Brabant und 1460 Basel in der Eidgenossenschaft. Im 15. Jahrhundert schließlich strahlte die Idee der Universität auch an den nördlichen Rand des Kontinents aus, mit den schottischen Gründungen in St. Andrews 1411, Glasgow 1451 und Aberdeen 1495 und den skandinavischen in Uppsala 1477 und in Kopenhagen 1479.

2. Innere Organisation der ersten Universitäten

Genossenschaftliche Organisation in zwei Varianten

Das entscheidende gemeinsame Merkmal der Universitäten gegenüber ihren antiken Vorläufern war, dass sie als ein Raum eigenen Rechts konstituiert waren. Das bedeutete überall in Europa, dass sie nach außen, vor allem gegen die Stadt, sich abgrenzten als ein Rechtsraum mit eigenen (und anderen) Normen, und dass sie nach innen auf einer genossenschaftlichen Grundlage beruhten und wichtige Dinge mit Mehrheit entschieden. Dabei gab es zwei Ausprägungen dieses genossenschaftlichen Organisationsrahmens. Das ältere Modell war das einer Genossenschaft der Studierenden, wie es schon in Bologna zu finden ist. Hier schlossen sich die Studierenden, die ja fast alle Fremde in der Stadt waren, nach ihrer Herkunftsregion in sogenannten «nationes» zusammen. Das waren religiös fundierte Schwurgemeinschaften auf Zeit mit dem Ziel der gegenseitigen Hilfe und des Rechtsschutzes, vor allem gegenüber der Stadt und ihren Bürgern. Studierenden aus Bologna verbot ihre Stadt dagegen die Zugehörigkeit zu einer «natio», um der Gefahr einer doppelten und damit weniger verbindlichen Loyalität zu entgehen. Regelmäßige gemeinsame Messen und Prozessionen und die Verehrung des eigenen Schutzheiligen bestärkten symbolisch die Bindung zwischen den Mitgliedern einer «natio». Insgesamt gab es in Bologna drei «nationes» für die aus Italien kommenden (eine lombardische, eine toskanische und eine römische) und 14 ultramontane für die von jenseits der Alpen kommenden Studierenden. In Überlagerung mit einer Einteilung nach Studienfächern waren diese Bologneser Nationen in drei «Universitäten» zusammengefasst, je einer für die Juristen aus Italien und für die Juristen von jenseits der Alpen, und einer dritten für alle übrigen Studierenden. Die drei Universitäten ihrerseits hatten sich zur eigentlichen Universität zusammengeschlossen, die als «confoederatio universitarum» bezeichnet wurde. 1796 hob Napoleon sie – nach französischem Vorbild – ersatzlos auf.

Aus diesem komplexen Organisationsgefüge wird besonders deutlich, dass «universitas» eben nicht auf den Universitätsbegriff von heute zielt, sondern auf die Selbstständigkeit und Entscheidungsmacht einer Organisation von gleichartig Tätigen. Die Bologneser Ausprägung dieses genossenschaftlichen Modells bedeutete, dass die Studierenden als Träger der Organisationen alle wichtigen Fragen ausführlich diskutierten und dabei lernten, ihre Meinung begründet zu vertreten. Die Durchführung der Beschlüsse sicherten Ämter mit einer meist sehr kurzen Amtszeit (von einem Monat bis zu einem Jahr), in die man gewählt wurde. Selbst der Rektor kam aus dem Kreis der Studierenden, wobei man zur Erfüllung der mit dem Amt verbundenen repräsentativen Verpflichtungen gerne vermögende Mitstudenten wählte, oftmals Söhne von Adeligen.

Paris war demgegenüber straffer organisiert; hier gab es nur eine «universitas», und sie war sehr bald unterteilt in die vier noch zu beschreibenden klassischen Fakultäten. Studentische Organisationen nach der Herkunft gab es in Paris zwar (eine französische, normannische, picardische und für alle anderen die englische «natio»), aber nur bei den Studienanfängern im recht überlaufenen Vorbereitungsstudium der «Artes»-Fächer. Die Dekane der Fakultäten und der Rektor der Universität wurden auch in Paris gewählt, aber nur durch die Genossenschaft der Lehrenden. Im Unterschied zu Bologna war das Studium in Paris stärker internatsmäßig gestaltet und damit mehr von den Lehrenden gesteuert. Aus diesem Vergleich heraus lässt sich die Frage nach der «ersten Universität» differenzierter beantworten: Nimmt man den Gedanken der kooperativen Autonomie in Form einer rechtlich geordneten Genossenschaft aller Beteiligten als Hauptkriterium, dann ist Bologna die älteste Universität. Betont man dagegen die Autonomie vor allem der Lehrenden und deren genossenschaftliche Selbstverwaltungsrechte nach innen, insbesondere in Fragen von Lehre und Prüfungen, dann ist Paris die älteste.

Ämter und Funktionen an der Spitze der Universität

Im eigenen Rechtsraum der Universität zeigt sich das mittelalterliche Verständnis von Freiheit, die immer sehr konkret gedacht wurde. Universitäten bestimmten selbst ihre Regeln, nahmen eigenständig ihre Mitglieder auf und schlossen sie gegebenenfalls auch aus und hatten die Macht, Verstöße gegen ihre Regeln selbst zu sanktionieren. In diesem Sinne wurde im Mittelalter jedes Privileg als ein spezifisches Recht auf eine Freiheit verstanden und nicht alle zusammen als Verstoß gegen das Gleichheitsprinzip diskreditiert wie bei der Auflösung der französischen Universitäten im Zuge der Revolution.

Der Kanzler, manchmal auch Vizekanzler, war nicht wie heute in deutschen Universitäten der leitende Verwaltungsbeamte, sondern der Vertreter des Papstes, der oftmals den örtlichen Bischof zu diesem Amt bestimmte. Seine Hauptaufgabe beschränkte sich sehr bald darauf, die akademischen Grade formell zu verleihen, die letztlich aus der päpstlichen Autorität legitimiert waren. In der Realität hatte er kein eigenes Prüfungsrecht und war gebunden an den Vorschlag der Lehrenden – das war ein zentrales Element von deren genossenschaftlicher Selbstbestimmung.

Der Rektor vertrat die Universität nach außen und leitete nach innen ihre kollegial aufgebauten Organe. Vielfach gehörte zu seinen Amtspflichten, das Richteramt über die Angehörigen der Universität auszuüben. Dazu zählten weit mehr Personen als nur die Lehrenden und Lernenden, nämlich auch die Frauen und Familien und Dienstboten der Professoren, alle weiteren Beschäftigten der Universität und eine Reihe von Handwerkern, die zu ihr und nicht zu den Zünften in der Stadt gehörten. Das waren zum Beispiel Papiermacher, Schreiber, Illuminatoren und Handschriften- und Buchhändler, von denen manche ja noch heute als «Universitätsbuchdrucker» oder «Universitätsverlag» firmieren. Für sie bedeutete dieser Status früher, dass sie und ihre Autoren einer – gewöhnlich milderen – Zensur durch den Rektor der Universität unterworfen waren. Wenn es einen studentischen Rektor gab, dann waren seine Rechte im Vergleich zu einem professoralen mehr oder weniger geschmälert; auf keinen Fall war ein studentischer Rektor beteiligt in Fragen von Lehre und Prüfungen. Deren Entscheidung lag immer beim «collegium doctorum», also der Versammlung der Lehrenden.

Materielle Grundlagen

Im Mittelalter erreichten nur wenige Ausnahme-Universitäten wie Bologna, Paris, Oxford oder Cambridge eine Zahl von 1000 oder etwas mehr Studierenden und 50 bis 100 Lehrenden. Alle übrigen Universitäten waren wesentlich kleiner. Den materiellen Bedarf der mittelalterlichen Universitäten darf man sich nicht allzu groß vorstellen, aber erst recht nicht die Einnahmen aus Gebühren der Studierenden. Dies hat mit der mittelalterlichen Auffassung zu tun, dass das Wissen als Geschenk Gottes nicht verkauft werden dürfe («scientia donum Dei est, unde vendi non potest»), die aber in klarer Spannung zu dem anderen Prinzip stand, dass jeder, auch ein Lehrender, sehr wohl das Recht auf eine Entschädigung für seine erbrachte Arbeit habe. Für den förmlichen Rechtsakt der Immatrikulation, der Aufnahme in die Universität durch Leistung eines Eides der Zugehörigkeit (im schottischen St. Andrews noch heute in lateinischer Sprache), und die damit verbundene Eintragung von Name und Herkunft in die Matrikel fielen nicht allzu hohen Gebühren an. Damit wurde man akademischer Bürger («civis academicus») und unterstand der Gerichtsgewalt des Rektors; bei Vergehen füllten die Geldstrafen die Universitätskasse. Als Anerkennung für die Professoren, bei denen man hörte, wurde eine «collecta» eingesammelt. Wirklich teuer war nicht so sehr das Lernen an der Universität, sondern die Bestätigung des Lernerfolgs durch die Verleihung eines akademischen Grades. Die Prüfungsgebühren waren besonders bei Doktorprüfungen in den höheren Fakultäten sehr hoch und die allgemein erwarteten Geschenke kamen noch hinzu, etwa der bekannte «Doktorschmaus» für alle an der Prüfung Beteiligten.

Als rechtlich selbstständige Institutionen, die zudem vom Papst als der höchsten Autorität legitimiert waren, konnten die

Universitäten wie die Kirche von Gläubigen fromme Stiftungen annehmen, die vor allem vor der Reformation als löblich und heilssichernd galten. Ausgehend von den Vermögensübertragungen der Gründer, sammelte sich auf diese Weise ein beträchtlicher Grundbesitz im Universitätsvermögen an. Weinberge in Würzburg oder Forsten in München liefern Erträge, über die diese Universitäten heute frei und ohne Bindung an den vom Staat festgestellten Haushaltsplan verfügen können. Greifswald benötigte um 1900 als vermögendste deutsche Universität fast keinen Zuschuss aus dem preußischen Staatshaushalt, verlor aber fast seinen gesamten Grundbesitz 1945 durch Enteignung. In Frankreich bezog die Pariser Universität auch beträchtliche Erträge aus einem eigenen Unternehmen. Sie betrieb zunächst nur für Lehrende und Studierende einen frankreichweiten Botendienst, den sie gegen Bezahlung auch anderen Interessenten zur Verfügung stellte, bis er 1719 zugunsten der jüngeren königlichen Post aufgehoben wurde. Von herausragender Bedeutung sind solche oft aus dem Mittelalter stammenden Stiftungsvermögen heute vor allem noch in England mit seiner weder durch Kriege noch durch Revolutionen gebrochenen Kontinuität von Institutionen. Während ältere Colleges in Oxford und Cambridge sich beispielsweise finanzieren aus dem Ertrag von Wiesen, die inzwischen als gesuchteste Wohn- und Geschäftslagen von London einen ganz anderen Wert haben, verfügen neuere Colleges über bedeutende Aktienpakete. Neben dem «Principal» bestimmt damit langfristig der «Bursar», ein erfahrener professioneller Vermögensverwalter, entscheidend über das Wohl und Wehe seines College.

Aus der kirchlichen Bindung der mittelalterlichen Universitäten ergab sich auch, dass kirchliche Pfründen zu Gunsten von Priester–Professoren entfremdet werden konnten und deren Unterhalt sicherten. Der heutige Typus des staatlich alimentierten Beamten-Professors begegnet erstmals um 1500 als Lehrender, der vom jeweiligen Fürsten mit Gehalt, Naturalien und Privilegien versorgt wurde. Zu zusätzlichen Einnahmen kamen die Professoren dadurch, dass sie in teilweise beachtlichem Umfang Zimmer mit Verpflegung in ihrer Familie an Studierende vermieteten. Das konnte dann auch mit bezahltem privatem Unterricht verbunden werden. Im besonderen Rechtsraum der Universität, der deutlich unterschieden war von dem der Stadt, konnten Professoren außerdem ihre Befreiung von städtischen Umsatzsteuern, etwa auf Bier oder Wein, durch einen familiären Ausschankbetrieb wirtschaftlich nutzbar machen.

nistère de l'Éducation Nationale») für alle Einrichtungen des Erziehungswesens vom schulischen Kindergarten («École maternelle») bis zu den Universitäten und «Grandes Écoles», dem auch alle die verschiedenen, wichtigen Personalkategorien («Corps») unterstehen. Im höheren Schulwesen bauten auf einem Netz von damals städtisch getragenen «Collèges» 50 bis 60 staatliche «Lycées» auf. Anfangs verfügte somit eine ganze Reihe von französischen Departements über keine einzige auf wissenschaftliche Studien vorbereitende Schule. An einem «Lycée» erwarb man zum Abschluss der Schulzeit als Äquivalent zum Abitur (in Preußen 1788 eingeführt) oder zur Matura (in Österreich seit 1849) den in der einheitlichen Organisation des Erziehungswesens verstaatlichten akademischen Grad des «baccalauréat». Es wurde bei Schwerpunkt im Lateinischen in der literarischen Richtung verliehen oder bei Übergewicht der Mathematik in der (natur)wissenschaftlichen Richtung. Die Kaiserliche Universität sollte auch für die Ausbildung der Lehrer an den seit der Revolution öffentlichen, nicht mehr kirchlichen Elementarschulen eine Lehrerbildungsanstalt als «École Normale» für jedes Departement einrichten. Nach kurzlebigen Vorläufern wurde 1826 in Paris eine zentrale Vorbereitungsschule für die Ausbildung der an solchen Normalschulen, von denen inzwischen eine Reihe bestand, tätigen Lehrer der anderen Lehrer eingerichtet. Sie heißt seit 1845 «École Normale Supérieure» und verschob ihren Schwerpunkt sehr bald zur Ausbildung von Forschern und künftigen Universitätsprofessoren, soweit sie den geistes-/sozial- oder naturwissenschaftlichen Schulfächern zuzurechnen sind. Sie ist zu einer der prestigeträchtigsten und gesuchtesten (aus ihrem «concours» geht nur etwa jeder 60. Teilnehmer erfolgreich hervor) «Grandes Écoles» geworden und besteht heute an vier Standorten (ENS Paris, ENS Cachan, ENS Lyon und ENS Rennes). Einen Ableger dieser zentralen Schule richtete Napoleon 1810 im italienischen Teil des Kaiserreichs Frankreich mit der «Scuola Normale Superiore» in Pisa ein. Auch sie regelt den Zugang zu ihren bis heute sehr kleinen Jahrgängen durch einen Wettbewerb, aus dem etwa jeder 10. Teilnehmer erfolgreich hervorgeht.

3. Das europaweite Netzwerk von Universitäten: Mobilität von Personen und Ideen

Schützende Regeln für die «Heimatlosigkeit» in der Fremde

Schon sehr früh in der Geschichte der Universität wurde deutlich, dass die Lehrenden wie die Lernenden sich in der Fremde aufhielten und deshalb besonders schutzbedürftig waren. Friedrich Barbarossa regelte schon 1155 die Situation der Studierenden in Bologna durch seine Scholarenkonstitution, die nach ihren Eingangsworten auch «Authentica habita» oder nur «Habita» genannt wird. Er ordnete an, sie in das Corpus des Römischen Rechts aufzunehmen, was ihr weite Verbreitung und Anerkennung sicherte. Da Lehrende und Lernende aus Liebe zur Wissenschaft Heimatlosigkeit auf sich nahmen («amore scientiae facti exules»), sicherte sie ihre Rechtspositionen und förderte so ihre notwendige Mobilität. Dazu gewährte ihnen der Kaiser einerseits eine frühe, begrenzte Form des Freizügigkeitsrechts und sicherte ihnen andererseits das Recht auf die freie Wahl ihres Richters in der Fremde zu. Damit bestätigte er den eigenen Gerichtsstand der Universitätsangehörigen, eine ganz wichtige Regel, denn später kamen in Bologna immerhin bis zu einem Viertel der Studierenden sogar von jenseits der Alpen. Allgemein schätzt man, dass etwa jeder fünfte, vielleicht auch jeder vierte mittelalterliche Student an mehr als einer Universität studiert hat. Die intensive Wanderschaft der Lernenden nahm später wieder ab mit den vielen Gründungen von Universitäten in Mitteleuropa und dann nochmals mit der konfessionellen Verengung in der Reformation.

Europaweite Anerkennung einer allgemeinen Lehrerlaubnis

Bei den älteren kirchlichen Domschulen hatte der Bischof oder sein Beauftragter das Recht, an geeignete Personen die Lehrerlaubnis zu verleihen. Gebühren durften dafür nicht verlangt werden, aber der künftige Lehrer musste einen Eid des Gehorsams leisten. In ihrem damaligen innerkirchlichen Machtkampf mit den Bischöfen beanspruchten die Päpste ein entsprechendes Recht gegenüber den Universitäten für sich, allerdings in der vermittelten und dadurch abgeschwächten Form, dass sie «ihr» entsprechendes Recht faktisch auf andere, nämlich die Genossenschaft der an der Universität Lehrenden übertrugen. Erstmals geschah dies im Jahre 1231 durch Papst Gregor IX. in der Bulle «Parens scientiarum» (Mutter des Wissens) für die Universität Paris. Das Recht zur Erteilung der Lehrerlaubnis übertrug er faktisch den Lehrenden der Universität, denn sie waren vom Kanzler, bevor er jemandem den Magistergrad verlieh, alle anzuhören. Damit erkannte der Papst an, dass sich in der Universität kollegiales Prüfen und Entscheiden herausgebildet hatte und bestätigte ihre institutionelle Unabhängigkeit auch gegenüber der formellen Aufsicht des Bischofs. Aus der umfassenden Autorität des Papstes heraus kam wenig später ein entscheidendes Element hinzu: die einmal erteilte Lehrerlaubnis sollte überall in der christlichen Welt gelten. Eine klassische Formulierung dafür enthält das Privileg desselben Papstes für die nach den Katharerkriegen errichtete Universität Toulouse aus dem Jahre 1233, wonach jeder dort von einer Fakultät examinierte und anerkannte Magister dadurch die Berechtigung erwarb, überall ohne weitere Prüfung zu lehren («ut quicumque magister ibi examinatus et approbatus fuerit in qualibet facultate, ubique sine alia examinatione regendi liberam habet potestatem»). Aus verschiedenen nebeneinander existierenden Universitäten in Europa ist so ein miteinander auch durch die Möglichkeit zur Rekrutierung von Lehrenden von überall her verbundenes Netzwerk entstanden.

Latein als gelebte gemeinsame europäische Sprache

Dieses erstaunliche Netzwerk der Lehrenden und Lernenden in der europäischen Universität wäre nicht denkbar gewesen ohne die gemeinsame Sprache aller Beteiligten – das «tote» Latein. Zwingende Voraussetzung für ein Studium an der Universität und natürlich auch für eine weitere Karriere dort war das intensive Training des Lateinischen durch den Besuch einer der immer mehr entstehenden Lateinschulen. Der Unterricht dort zielte auf viel mehr als heutzutage, nämlich die vollständige Sozialisation in einen Alltag mit der lateinischen Sprache und nicht nur eine begrenzte Kenntnis der Klassiker. Diese gemeinsame Sprache verband die Menschen in den Universitäten von Salamanca bis Krakau und von Cambridge bis Neapel; und sie trennte sie überall von der sie umgebenden städtischen Gesellschaft. Das Lateinische war die Sprache aller an der Universität studierten klassischen Texte, bis im Humanismus griechische und hebräische hinzukamen; und es war die alleinige Sprache der Verständigung über sie und der Auseinandersetzung mit ihnen – die umfangreichen lateinischen Briefwechsel der Humanisten mit ihren ebenso gelehrten Freunden zeigen dies deutlich. Für die Studierenden und Lehrenden waren mit ihrem Alltagsleben in mehreren Sprachen durchaus Fremdheits- und Entfremdungserfahrungen verbunden, deren individuelle Reflexion im Grunde erst in der Frühen Neuzeit einsetzte.

4. Innovation und Kreativität als Ziel? Inhalte von Wissenschaft im Mittelalter und in der Frühen Neuzeit

Zur Zeit ihrer Entstehung war die europäische Universität noch nicht der Ort fortwährender Innovation, als der sie heute wahrgenommen wird. Der Betrieb von Wissenschaft stand auch noch nicht unter dem Postulat von forschender Kreativität, sondern unter dem einer durchdenkenden Aneignung von Tradition.

Wissenschaftsverständnis: klassische Autoritäten kennen und verstehen

Die Lehre an der Universität war gebunden an die Schriftzeugnisse von Autoritäten, beginnend mit der «Heiligen Schrift» als zentralem Text der Theologie. Sie geschah vor dem Buchdruck im Wesentlichen mündlich. Nach dem damaligen Verständnis von wissenschaftlicher Betätigung ging es darum, die grundlegenden Texte der einzelnen Wissenschaften kennen zu lernen, um sie sich zu vergegenwärtigen und um immer wieder neu nach ihrem Sinn in der Gegenwart zu fragen. Das war eine Paradoxie: Das Wissen war in den autoritativen Schriften bereits vorhanden, aber es bedurfte doch stets einer weiteren Erklärung und Aktualisierung. Dabei ging es aber nicht um ein kritisches Infrage-Stellen auch und gerade der Grundlagen. Forschung als Suche nach stetiger Erweiterung der Erkenntnis war noch kein Thema. Symbolisiert wird diese Haltung durch die Lehre vom «Lehrstuhl» aus. Ihm entspricht die «cathedra» des Bischofs in seiner Kathedralkirche, von der aus er lehramtliche Entscheidungen verkündet. Französische Professoren haben eine «chaire», und in den Hörsälen dort gibt es bis heute ein Autorität symbolisierendes Podest für den Lehrenden; auch der spanische Professor heißt heute noch «catedratico».

Die mittelalterliche Vorlesung hatte zunächst einmal den Zweck, die Studierenden mit dem Text der autoritativen Schriften bekannt zu machen und ihnen das Mitschreiben zu ermöglichen – es gab ja noch keinen Buchdruck, und nicht alle konnten es sich leisten, eine autorisierte Mitschrift eines früheren Studenten bei einem Verleiher von «peciae», Teiltexten, auszuleihen (auch er gehörte zu den mit der Universität verbundenen Gewerben) und Stück für Stück für sich zu kopieren. Eine Reihe von Vorlesungsmanuskripten von Magistern ist überliefert und ebenso Vorlesungsmitschriften durch Studierende. Daraus kann man sehen, dass der autoritative Text vom Lehrenden durch sprachliche Erläuterungen ergänzt und sehr umfangreich in seinem Inhalt kommentiert wurde, alles in lateinischer Sprache. Immer mit engem Bezug auf den Text, warf der Lehrende seine Fragen an ihn auf, unterschied sie in Leitfragen und Nebenfragen, grenzte die verwendeten Begriffe scharf voneinander ab, brachte gerade auch abwegige Antworten vor, um sie anschließend zu widerlegen, und führte so schließlich zu einer klaren Schlussfolgerung und Einordnung. Martin Luther machte sich 1515 das brandneue Medium des Buchdrucks zu Nutze und ließ die Texte, die er behandelte, z.B. einen Paulusbrief, vom Universitätsbuchdrucker mit extrem weitem Zeilenabstand setzen und drucken, damit die Zuhörer darin seine Anmerkungen und Kommentare genau an der passenden Textstelle notieren konnten. Mündliche Disputationen der Studierenden untereinander ergänzten die Vorlesungen der Lehrenden und brachten sie dazu, die systematische und geregelte Auseinandersetzung mit Fragen einzuüben.

Inhalt der Lehre in den Fakultäten

Bis ins 19. Jahrhundert blieben die Universitäten einer inneren Organisation verhaftet, die vier Fakultäten kannte: eine grundlegende, die so genannte Artistenfakultät, und darauf aufbauend die drei höheren Fakultäten, Medizin, Recht und als höchste und angesehenste Theologie. In der Artistenfakultät wurden die sieben freien Künste aus der antiken Tradition gelehrt. Sie stellte damit eine Art universitätsinternes Gymnasium dar, das zur Vorbereitung auf den Besuch einer der höheren Fakultäten genutzt werden konnte. Die freien Künste (Kunst umfasste damals durchaus auch noch intellektuell geprägte Tätigkeiten) waren in der römischen Antike eines freien Bürgers, weder Sklave noch Handarbeiter, würdig gewesen. Sie bestanden aus einer Dreier-und einer Vierergruppe. Im «trivium» als grundlegender Dreiergruppe (daher unser Wort trivial) stand die sprachliche Gestaltung in der lateinischen Sprache im Mittelpunkt, Worte und Zeichen. Grammatik wurde nach Donatus gelehrt, Logik und Dialektik nach Boethius und Rhetorik nach Cicero und Quintilian. Das «quadrivium» stellte eine mathematisch-zahlenmäßige Ergänzung zu den Sachen hin dar. Für die Geometrie war Euklid die maßgebende Autorität, für die Arithmetik Pythagoras und auch für die Musik, deren Harmonien sich mathematisch darstellen ließen, und für die Astronomie schließlich Ptolemäus.

Auf der Artes- oder Artistenfakultät bauten die drei höheren Fakultäten auf. Die Lehre der Medizin stützte sich auf die Schriften des altgriechischen Mediziners Galen und des römischen Naturwissenschaftlers Plinius. Im Recht ging es um die Lehre der beiden damals kodifizierten Rechtsbücher des kirchlichen Kanonischen Rechts («Corpus Iuris Canonici») und des Römischen (Zivil-)Rechts («Corpus Iuris Civilis»). Die Theologie schließlich beruhte auf dem Studium *der* Heiligen Schrift, der Bibel.

Trotz dieser Orientierung an autoritativen Texten sind doch bereits in der Gründungsphase der europäischen Universitäten Elemente selbstständigen Denkens konstitutiv für ihre Arbeit. Dies zeigt sich zum Beispiel in der Methode der scholastischen Theologie, die durch ihr Frage-Antwort-Schema der «quaestiones» das jeweilige Pro und Contra einer Frage methodisch erörterte. Im 13. Jahrhundert kam eine intensive Rezeption des gesamten Werks von Aristoteles hinzu, dessen Werke aus arabischen Übersetzungen und Kommentierungen (durch Avicenna im persisch-usbekischen Raum und Averroes im arabischen Cordoba z. B.) in die lateinische Welt des Mittelalters kamen.

Bisher waren die im Kern heidnischen Traditionen der vorchristlichen Antike immer schon in das christliche Weltbild eingefügt; die enzyklopädischen Werke von frühmittelalterlichen christlichen Autoren wie Cassiodor oder Erzbischof Isidor von Sevilla hatten die klassischen Artes-Texte aufgenommen. Bernhard von Chartres hatte schon um 1120 für die Lehre an den Domschulen das Bild gefunden, dass Zwerge auf den Schultern von Riesen (aus älteren Zeiten) weiter zu schauen vermögen als diese (worauf Robert K. Merton 1965 eine Soziologie gerade moderner Wissenschaft aufbaute). Die nun neu verfügbaren philosophischen und naturwissenschaftlichen Texte von Aristoteles machten da mehr Probleme, vor allem, weil sie kaum mehr Raum für eine Offenbarungstheologie ließen. Die kirchlichen Autoritäten versuchten dieses Denken durch Verbote einzudämmen, richteten aber in dem inzwischen weitgehend selbstbestimmten Raum der Universitäten mit diesen Versuchen wenig aus, wie die stetige Wiederholung ihrer Anordnungen zeigt. In der Frühen Neuzeit, schon vor der eigentlichen Aufklärung, vertiefte sich ein selbstständig-kritischer Anspruch von Wissenschaftlern. Die Humanisten prüften mit neuem textkritisch-philologischem Instrumentarium auch die bis dahin unantastbaren «heiligen» Texte. In den Naturwissenschaften begannen Galilei und Newton und viele andere, von der Erfahrung der Wirklichkeit auszugehen. Ihre systematische Erforschung in Experimentreihen galt schließlich mehr als das Zeugnis «nur» eines alten Textes. Und auch in der Geschichtsschreibung lässt sich um 1700 erstmals feststellen, dass die bis dahin von Generation zu Generation fraglos weiter überlieferten Legenden aus früherer Zeit erstmals an Dokumenten kritisch überprüft wurden.

Akademische Grade und Arbeitsmarkt

Aus dem päpstlich bestätigten Recht der Universitäten zur Verleihung der «licentia ubique docendi» an einen neuen «magister (artium)» (Lehrer) haben sich alle weiteren akademischen Grade entwickelt. Träger dieses Rechts war nicht der einzelne Lehrende, sondern die Genossenschaft aller Lehrenden in der Universität, die sich dementsprechend dazu Regeln auf der Grundlage der Gleichberechtigung geben musste.

In der Artes-Fakultät gab es recht bald einen ersten, niedereren Grad, den des «baccalaureus (artium)»; die Herkunft dieses Wortes ist unklar. Der Sache nach war das eine Art bestätigende Zwischenprüfung nach einer bestimmten Zahl von Vorlesungen und Disputationen vor allem aus dem Bereich des «trivium». Sie war akademisch wenig bedeutsam, aber schon sie öffnete den Weg zum sozialen Aufstieg in eine Reihe von semi-akademischen Berufen. Man konnte damit Schreiber oder Sekretär werden in fürstlichen oder städtischen Verwaltungen, Buchdrucker (als Setzer musste man natürlich Latein verstehen) oder Lehrer an Lateinschulen. Man konnte sogar Anwalt oder Notar werden, die damals noch nicht Volljuristen sein mussten, oder auch Priester, denn erst nach der Reformation schuf das Konzil von Trient eine geordnete Ausbildung im Priesterseminar. In vielen Fällen reichte auch allein die Tatsache, ein oder zwei Semester an einer Universität studiert zu haben, für den Einstieg in einen dieser Berufe aus. Der ursprünglich nur auf die Selbstergänzung des Lehrkörpers ausgerichtete Grad des Lehrers, «Magister (artium)», verlor diese Funktion, als die Zahl der Studierenden und der Prüfungen anstieg und das Vier-Fakultäten-Schema sich verfestigte; er wurde bald nur noch zu Ende des vollen Artes-Studiums verliehen. An seiner Stelle entwickelten die drei höheren Fakultäten (und nur sie) ihre drei klassischen Doktorgrade. Schon sehr bald gab es auch zu viele Inhaber dieses Grades (jedenfalls im Verhältnis zum Bedarf an jungen Lehrenden), weshalb für ihre eigentliche Funktion, die Feststellung der Befähigung zum Lehramt, eine weitere Prüfung eingeführt wurde, die «licentia» (Erlaubnis). Daran schlossen sich dann gegebenenfalls besondere Auswahlverfahren an, die schließlich in eine «promotio» oder «inceptio» als förmliche Aufnahme in den Kreis der Lehrenden einer Fakultät führten.

Für die meisten Studierenden waren freilich andere Beschäftigungen als die eines «magister» in der Lehre wichtiger – und auf der Seite der Universitätsgründer kam es zu einer entsprechenden Überlagerung mehrerer Motive. Immer schon galten fromme Stiftungen zur Förderung des Wissens als heilsbringend, doch das weltliche Motiv, die eigene Herrscherehre, das Ansehen der eigenen Dynastie und das Prestige des Landes zu erhöhen, trat daneben. Es verband sich mit dem Herrscherwunsch, der schon bei der Gründung von Neapel durch Friedrich II. wichtig war, sich, seiner Dynastie und seinem Land die intellektuelle Kompetenz und die daraus folgende umfassende Einsetzbarkeit von solchen Universitätsabsolventen zu sichern, deren Lehre an der Universität man hatte beeinflussen können. Eine Landesuniversität war als Zentrum von Fachkompetenzen vielfach mit dem entstehenden frühneuzeitlichen Staat verbunden. Ihre Professoren standen zu Rat und Gutachten bereit, die Juristenfakultät konnte als oberstes Appellationsgericht für das Land fungieren, Medizinprofessoren konnten als Leibärzte wirken und Theologieprofessoren als Hofprediger. Im Gegenzug ergänzten mehr und mehr Mittel des Fürsten die Erträge des Universitätsvermögens; gegenseitige Abhängigkeiten entstanden.

5. Verengung und Erweiterung, Erstarrung und Reform: die Universitäten in der Frühen Neuzeit

Konfessionalisierung der Universitäten durch die Reformation

Die Reformation war eine Stunde großer Gefahr für die Verfassung der Universität. Ihre Eigenständigkeitsrechte leitete sie aus der universalen Autorität des Papstes her, und letztlich durch ihn war sie in das europaweite Netzwerk der Universitäten, der Lehrenden und der Studierenden eingebunden. Die Reformation aber erkannte den Papst nicht mehr als Autorität an, führte zu fundamentalen Kontroversen und schärfster Abgrenzung zwischen den entstehenden Konfessionen und schließlich bis in religiös bestimmte Bürgerkriege.

Im lutherischen Teil Europas, vor allem im deutschen Mitteleuropa, stellte sich bei der Gründung der ersten lutherisch geprägten Universität in Marburg durch den Landgrafen Philipp I. von Hessen im Jahre 1527 die Frage, wer diese neue Institution legitimieren sollte, wenn es der Papst nicht konnte. Nach mehreren Anläufen erkannte schließlich Kaiser Karl V., der das sich konfessionell spaltende Reich zusammenhalten wollte, 1541 mit einem Privileg die neue Universität an. Als wenig später die sächsischen Ernestiner, die kurz zuvor an den albertinischen Zweig der Familie die Kurwürde und die Landesuniversität Wittenberg verloren hatten, in Jena 1558 eine gemeinsame neue Universität einrichteten, hatten sie dafür schon kurz zuvor ein Privileg vom Bruder und Nachfolger Kaiser Karls V., Ferdinand I. eingeholt. Im ehemaligen Deutschordensstaat wurde die dezidiert lutherische herzoglich-preußische Universität Königsberg 1544 eingerichtet und 1560 durch den – katholischen – König von Polen als formellen Lehnsherrn des Herzogs legitimiert.

Im calvinistischen Europa spielte die Frage der förmlichen

Privilegierung neuer Universitäten eine wesentlich geringere Rolle. Calvin umging sie in Genf einfach, indem er eine zunächst auf die Theologie und die klassische Philologie begrenzte «Akademie» einrichtete, die dennoch erhebliche Strahlkraft über die Stadtrepublik hinaus entwickelte. Darin vergleichbar war die alle vier Fakultäten umfassende Universität Leiden, die 1575 durch die Vereinigten Niederlande unter Verzicht auf jegliches Privileg errichtet wurde. In Deutschland war der Calvinismus weniger breit verwurzelt und hatte – von der zeitweisen Übernahme der Universität Heidelberg um die Wende vom 16. zum 17. Jahrhundert abgesehen – nie eine eigene Universität. Dafür gab es hier besonders oft die im lutherischen Straßburg schon 1538 entwickelte Zwischenform des «Gymnasium Illustre» oder «Gymnasium Academicum», das in der Lehre auch die höheren Fakultäten umfasste und durchaus universitär geprägt war, aber keine akademischen Grade verleihen konnte. Als wichtigste calvinistische akademische Gymnasien dieser Art in Deutschland entstanden Duisburg im Herzogtum Jülich-Kleve-Berg 1559 (Universität 1655), Zerbst in Anhalt 1582, Herborn in Nassau-Dillenburg 1584, Steinfurt in der Grafschaft Bentheim 1588/91 und Bremen 1610.

Oxford und Cambridge gingen mit Heinrich VIII. in die neue anglikanische Welt über, die in der theologischen Lehre nicht wirklich anders war, weil es dem König ja vorrangig um die kirchliche Zustimmung zu seiner geplanten Scheidung gegangen war. Der König stiftete an beiden Universitäten königliche Professuren, die bis heute mit hoher Reputation existieren («Regius Professor of …»). Ein kurzlebiger Versuch der Rekatholisierung unter Königin Maria I. brachte 1555/56 die drei anglikanischen «Oxford Martyrs» auf den Scheiterhaufen. 1592 genehmigte Königin Elisabeth I. den Wunsch der Oberschicht englisch-anglikanischer Einwanderer, in der katholisch geprägten irischen Hauptstadt Dublin «Trinity College» nach dem Modell von Oxford und Cambridge und mit deren dezidiert anglikanischer Ausrichtung einzurichten. Dort wurden Katholiken erst ab 1873 zum Studium zugelassen, und die Kirchenhierarchie in Irland verbot ihnen das Studium am «Trinity College» sogar noch bis 1970, fast 50 Jahre nach der Anerkennung der Souveränität des Irischen Freistaats durch Großbritannien.

Die besondere Herausforderung der Reformation für die verbleibenden katholischen Universitäten lag darin, dass Luther die persönliche Glaubensüberzeugung auf der Grundlage der intensiven Lektüre der Heiligen Schrift in den Mittelpunkt stellte. Er forderte deshalb von der weltlichen Obrigkeit erfolgreich die Einrichtung eines umfassenden Schulwesens für beide Geschlechter und machte zugleich ein Universitätsstudium für alle Geistlichen verpflichtend. Das Konzil von Trient antwortete darauf um die Mitte des 16. Jahrhunderts mit der Einrichtung von Priesterseminaren in allen Diözesen. Gleichzeitig baute der neue Jesuitenorden ein flächendeckendes katholisches Bildungssystem auf, das durch die Verbindung mit Internaten auch Begabungsreserven bei Jungen vom Lande hob. Auf das erste Jesuitenkolleg im Jahre 1548 im sizilianischen Messina waren zwei Generationen später schon über 350 weitere gefolgt, und um die Mitte des 18. Jahrhunderts gab es weit über 700 Jesuitenkollegien in Europa. Die Jesuiten professionalisierten ihre Lehrmethode in der «ratio studiorum» von 1599. Ein vorgeschriebener Kanon von lateinischen Büchern sicherte einen Lehrplan aus philosophischer Propädeutik und Theologie, in dem «Realien» wie Geschichte oder Naturkunde keinen Platz fanden und die Theologie im Jesuitentheater sogar verbildlicht wurde. Die Klassen bauten aufeinander auf, und die Schüler mussten sie (erstmals) mit einer Versetzungsprüfung beenden. Größere Kollegien hatten einen universitätsähnlichen Betrieb, und die Jesuiten übernahmen auch an vielen katholischen Universitäten mindestens die Lehre in Theologie, wenn nicht in allen Fakultäten.

Am Ende des 18. Jahrhunderts gab es im konfessionell gespaltenen Reich über 40 Universitäten, von denen die Hälfte erst nach 1600 gegründet worden war. In Frankreich dagegen waren nach 1600, ebenfalls von knapp 20 Universitäten um 1500 ausgehend, nur noch drei neue gegründet worden. Mitteleuropa zeichnete sich somit durch eine besonders dichte Universitätslandschaft aus. Sie war aber, wie überall in Europa, weitgehend konfessionell beschränkt, und gerade hier hatten viele Universitäten einen deutlich kleinräumigen Einzugsbereich.

Übertragung der Universitätsidee in die Neue Welt

Gleichzeitig mit dieser Verengung ins Konfessionell-Regionale wurde die Idee und Organisationsform der europäischen Universität in die Neue Welt getragen, vor allem durch die spanische Monarchie. Strukturell ähnlich zu Salamanca, mit einer recht starken Rolle der Studenten, entstanden 1538 in Santo Domingo auf der Insel Haiti und 1551 auf dem amerikanischen Festland in Lima und in Mexiko die ersten Universitäten außerhalb Europas. Als «real y pontífica universidad», königliche und päpstliche Universität, erfüllten sie auch besondere Anliegen der örtlichen kirchlichen Hierarchie und der missionierenden Mönchsorden. Über das klassische Lehrprogramm der vier Fakultäten hinaus gab es als anwendungsnahes neues Fach die Lehre der «lenguas de los Indios», der Verkehrssprachen der amerikanischen Urbevölkerung (quechua und náhuatl). Die erste asiatische Universität gründete Spanien einige Zeit später im Jahre 1611 in Manila auf den philippinischen Inseln. Die Entdeckung der Neuen Welt wirkte auch ins Mutterland zurück, warf sie doch für ein naturrechtliches Denken viele aufwühlende Fragen auf – hatten die amerikanischen Ureinwohner ein Recht, sich gegen die neuen spanischen Institutionen zu wehren, oder gar die christliche Mission abzulehnen? Die Schule von Salamanca reagierte auf diesen unerwarteten, provozierenden Kulturkontakt mit einer intensiven philosophisch-rechtlichen Diskussion, die anders als sonst an der Universität nicht auf klaren Aussagen antiker Autoritäten aufbauen konnte. Von einem natürlichen Recht der Menschen auf Freiheit ausgehend, fasste sie das Verhältnis von Volk und Herrscher als gegenseitig aufeinander bezogen auf; das brachte konsensuale Ideen und die Formen des Vertrags in die Diskussion. Zugleich sollte das entstehende Völkerrecht auf der Grundlage von Gerechtigkeit und nicht Gewalt aufgebaut werden.

Portugal und Frankreich, die anderen katholischen Kolonialmächte, waren dagegen beim Export von Bildungsinstitutionen sehr viel zurückhaltender und richteten nur Priesterseminare und Jesuitenkollegien ein. In den britischen Kolonien im Norden Amerikas schufen die Siedler selbst in einer Initiative «von unten» die ersten Universitäten. John Harvard, anglikanischer Theologe und Absolvent von Cambridge, stiftete bei seinem Tod 1638 die Hälfte seines Vermögens und seine gesamte Bibliothek von 260 Bänden für die Einrichtung eines neuen, bald nach ihm benannten College in einem zweiten Cambridge am Rande von Boston in Massachusetts. Als königliche Stiftung folgte 1693 das anglikanische «William and Mary College» in Virginia und durch einen kolonialen Gründungsakt 1701 als dritte Universität ein stark kongregationalistisch ausgerichtetes College in Connecticut, das nach einer bedeutenden Zustiftung durch den in Indien tätigen Briten Eliahu Yale dessen Namen annahm. Presbyterianer aus Schottland und Irland gründeten 1746 das «New Jersey College», seit 1896 «Princeton University», Baptisten 1764 die auch für andere Konfessionen besonders offene spätere «Brown University» in Rhode Island und Katholiken 1792 das «Georgetown College» in Maryland, das 1815 als erstes durch ein amerikanisches Bundesgesetz bestätigt wurde. Alle diese nordamerikanischen Universitäten orientierten sich am Modell des Zusammenlebens im College, wie es von Oxford und Cambridge vertraut war. Angelehnt an die klassischen europäischen Artes-Fakultäten vergaben sie als akademische Grade den B.A. und den M.A. und bildeten außerdem Theologen aus. Ein Studium des Rechts und der Medizin wurde dagegen erst sehr spät eingerichtet; der erste anglo-amerikanische medizinische Doktor promovierte 1770 in New York.

Anzeichen innerer Versteinerung in Mitteleuropa

Regionale Verengung und Ausbreitung über die Neue Welt sind aber nur ein Teil der gegenläufigen Tendenzen in der Universitätsgeschichte der frühen Neuzeit. Genauso wichtig waren die mit der räumlichen Provinzialisierung zusammenhängende innere Erstarrung vieler Universitäten, dann aber auch die ihr aktiv entgegenarbeitenden Reformbestrebungen. Als ein Raum eigenen, besonderen Rechts war die Universität für junge Leute in der frühneuzeitlichen Welt auch wichtig als einer der wenigen Freiräume für ungebundenes Leben. Innerhalb der Studentenschaft entwickelte sich ein Ehrenrecht, das zunehmend in Duellen durchgesetzt wurde. Immer öfter bestätigten über die rechtsbedeutsame Immatrikulation hinaus auch förmliche Initiationsriten die soziale Zusammengehörigkeit in der Gruppe der Studierenden. Im ersten Studienjahr demütigten ältere die neu an die Universität gekommenen «Pennäler» mehr oder weniger subtil und verwandelten sie symbolisch in der Deposition, der Abstoßung der Hörner («depositio cornuum»). Den mit Narrenkappen verkleideten Jungstudenten wurde ihre tölpelhafte Kleidung weggenommen und auch ihre bäurisch-rohen Wesenszüge in einem symbolischen Akt der Ent-Rohung («e-ruditio») entfernt. Werkzeuge der Deposition waren Zangen, Scheren und Kämme, und alles endete in einem Fest mit viel alkoholischen Getränken. Seit etwa 1600 begegnet in immer mehr universitätskritischen Schriften das Thema des «Pennalismus», der Missleitung studentischer Energien in ohne Grund privilegierte Formen des Sich-Auslebens in der Gruppe. Solche Initiationsriten haben vielfach bis heute überlebt, z.B. in Belgien als «baptème» (Taufe auf den Namen Bacchus oder Gambrinus) und in Frankreich als «bizutage». Dort waren solche Bräuche ursprünglich charakteristisch für die sehr kleinen Jahrgänge («promotion») der elitären «Grandes Écoles» und sind inzwischen sogar in deren offizielle gemeinschaftsbildende «période transmission des valeurs (PTV)» eingegangen. Heute ist «bizutage» auch an der französischen Massenuniversität üblich. In Müllsäcke gekleidet und mit Rasierschaum beschmiert, sammeln die öffentlich erniedrigten neuen Studenten immer am Beginn eines neuen akademischen Jahres im September Geld für ein Fest, bei dem die Älteren sie symbolisch als gleichwertig anerkennen. Offenbar kommt es dabei unter dem Gruppendruck auch zu sexueller Belästigung und mehr; die eigens eingeführten Strafvorschriften werden aber nicht wirklich angewandt.

Eine Verflachung ihrer Lebensform kann man im 17. und 18. Jahrhundert ebenfalls bei vielen Professoren beobachten. Nach Art des zünftischen Handwerks schlossen sie ihre Gruppe nach außen gegen Neulinge ab und vermieden zugleich nach innen jede Konkurrenz, um eine auskömmliche «Nahrung» für alle zu sichern. An «Familien»-Universitäten verengte sich die Selbstergänzung des Kollegiums der Lehrenden auf wenige kleine Gruppen. In Basel sollen 1666 alle Professoren, bis auf einen, miteinander verwandt gewesen sein, womit sie im Grunde das Funktionsmuster der politischen Herrschaft des Stadtpatriziats in seiner Universität abbildeten. In Rostock soll es sogar förmliche «Erb»-Professuren gegeben haben.

Reformanstöße innerhalb und außerhalb von Universitäten in Mitteleuropa

In diese Welt des wissenschaftsfernen Pennalismus der Studierenden und der Familieninteressen der Professoren trafen mit den beiden Reformuniversitäten Halle in Brandenburg und Göttingen in Hannover zwei vielversprechende neue Ansätze. Mit der Gründung der Universität Halle an der Saale im Jahr 1694 verband Kurfürst Friedrich III. aus der 1613 calvinistisch gewordenen Hohenzollernfamilie die Absicht, in seinen überwiegend lutherischen Ländern nicht mehr eine erstarrte lutherische Orthodoxie Wittenberger Art, sondern die praktische und bibelnahe Theologie des Halleschen Pietismus um August Hermann Francke zu fördern. Für ihn sollte Christentum immer intensiv gelebte Frömmigkeit mit handfester Hilfe für den bedürftigen Nächsten verbinden. Der umfangreiche Komplex der Franckeschen Anstalten in Halle war erwachsen aus einer Elementarschule für Arme, die Francke etwas später um eine Adels- und Bürgerschule erweiterte und dann um ein Gymnasium mit Stipendien auch für Ärmere ergänzte. Aus Fürsorge für die besonders Benachteiligten gründete er mit Hilfe von weitreichenden Steuerprivilegien des Kurfürsten das Hallesche Waisenhaus, fügte ein «Gynaeceum» zur Schulbildung von Mädchen hinzu und schloss den Kreis, indem er in einem Lehrerseminar die Ausbildung zu Elementarlehrern ermöglichte. Den Franckeschen Anstalten war auch ein Krankenhaus angeschlossen, an dem der Mediziner Johann Juncker 1717 erstmals in Deutschland akademischen Unterricht am Krankenbett erteilte. Die im Mittelalter übliche «dogmatische» Lehre der Auffassungen des Galen aus seinen Schriften war in Halle schon von Anfang an durch experimentelle physikalische und chemische Forschungen ergänzt worden. Auch in der Rechtswissenschaft trafen in Halle modernisierte Lehrinhalte, etwa ein gegenwartsbezogenes Staatsrecht, auf neuartige Methoden der Lehre – berühmt ist Christian Thomasius, der hier seine Leipziger Praxis, Vorlesungen auch in deutscher Sprache zu halten, fortsetzte und ausbaute. Binnen weniger Jahre wurde Halle so zu der am meisten besuchten deutschen Universität.

Diesen Rang lief ihr erst die 1737 feierlich eröffnete Göttinger Georg-August-Universität ab. Sie ist eine Gründung des englischen Königs Georg II., der sein Nebenland Hannover als Kurfürst Georg August aus der Ferne regierte. Eigentlich ist sie das Werk seines Ministers Gerlach Adolph von Münchhausen, der u. a. in Halle studiert hatte. Wie dort war die Rechtswissenschaft zum Gegenwartsrecht der Reichspublizistik, des (Einzel-) Staatsrechts und der Staatswissenschaften geöffnet, und von Anfang an gab es in der Medizin aufbauend auf empirisch fundierter Lehre der Anatomie mehrere spezialisierte Universitätskliniken, etwa für Chirurgie oder Geburtshilfe. Die Theologische Fakultät wurde weitgehend von der Zensur befreit. Die Göttinger Universitätsbibliothek war die erste, die nicht nur an Lehrende auslieh, sondern auch an Studenten. Es wurde zunehmend wichtiger, nicht nur den einen autoritativen Text zu kennen, sondern mehrere unterschiedliche gelesen zu haben und sich mit ihnen auseinanderzusetzen. Die Gründung der «Göttingischen Gelehrten Anzeigen» im Jahr 1739 bezeichnet eine weitere grundlegende Wende in diese Richtung, denn der einzige Inhalt dieser Zeitschrift waren Buchbesprechungen. Sie gaben ein Echo der sachkundigen Fachkollegen auf die eigene Arbeit wieder und wurden immer wichtiger. So machte die frühneuzeitliche, bei manchen Autoren selbst völlig Fiktives aus den

Zeiten vor der Sintflut beschreibende Gattung der «historia literaria» oder «Gelehrten-Geschichte» einer auf die neuen Arbeiten in der Gegenwart bezogenen kritischen Auseinandersetzung Platz. Die behandelten Sachen selbst rückten somit in den Mittelpunkt, während die Texte über sie verblassten.

Der institutionelle Rahmen der Universität verschob sich bei beiden Neugründungen mittelbar, weil sie auf Dauer nicht mehr mit einem bleibenden (Universitäts-)Vermögen dotiert, sondern jährlich aus den Einkünften des Fürsten und des Landes finanziert wurden. Die Abhängigkeit auch im Kleinen von den Mittelzuweisungen durch das Herrscherhaus und dann durch den Staat nahm erheblich zu. In Göttingen wurde sie noch deutlicher auch daran erkennbar, dass der Minister sich selbst und nicht den Fakultäten das Berufungsrecht zuerkannte.

Parallel zur Gründung der Universität Göttingen bildete sich in Mitteleuropa schließlich auch eine deutliche Alternative zur überlieferten Form der mittelalterlichen Universität aus: die anwendungsbezogene Spezialhochschule. Das erste klar auf eine Sache, nicht mehr auf überlieferte Autoritäten bezogene praxisnahe Fach war die «Kameralistik». Darunter verstand man seinerzeit die Wissenschaft vom monarchisch-staatlichen Vermögen und seiner Verwaltung. Als Fach begegnet sie erstmals 1727 an den beiden brandenburgischen Universitäten Halle und Frankfurt an der Oder, als dort je ein Lehrstuhl für «Ökonomie, Polizey- und Kammer-Sachen» eingerichtet wurde. Die Ökonomie, ursprünglich die Lehre vom (fürstlichen) Haushalt, die zu wahrende «gute Polizey» im älteren Sinn des Wortes als Sorge für insgesamt gut geordnete, die allgemeine «Glückseligkeit» fördernde innere Verhältnisse und die Lehre von der Kammer, nämlich den dort verwahrten und verwalteten Einkünften des Fürsten und ihrer Steigerung, zielten alle auf die Aufgaben und Ressourcen des entstehenden modernen Staates. Anstatt das neue Fach mühsam in das abgeschlossene Gefüge einer traditionellen Vier-Fakultäten-Universität einzufügen, konnte man es grundsätzlich auch zum Kern einer eigenen Spezialhochschule machen. Für diesen Weg stand wenig später das «Collegium Carolinum» in Braunschweig von 1745. Neben den Kameralwissenschaften (als Beamtenschule) umfasste es auch noch die Kriegswissenschaften (als Offiziersschule), ein Predigerseminar und eine Ausbildung in «Statistik» (im Sinne einer umfassenden Staatenkunde, die auch für das bürgerliche Leben brauchbar machte und in Richtung einer Handelsgeographie zu verstehen war). Die 1770 gegründete «(Hohe) Karlsschule» in Stuttgart setzte mit ihrer Eliteorientierung und ihrer militärischen Disziplin einen bewussten Gegenpol zur Landesuniversität in Tübingen. Sie vereinte die württembergische Militärakademie mit einer Beamtenschule, die einerseits Kameralistik, Forstwissenschaft und Geographie umfasste, andererseits die Rechtswissenschaft. Selbst Medizin, Schillers Studienfach, war in dieses Konzept einer Addition von Spezialhochschulen mit Praxisnähe und kasernenmäßigem Drill integriert. Ganz eigenständige Felder deckten von Anfang an jenseits der Universität die ersten Bergakademien ab, 1763 für Ungarn in Schemnitz (heute: Banská Štiavnica in der Slowakei), dann 1766 in Freiberg in Sachsen, 1770 in Berlin und 1775 im braunschweigischen Clausthal gegründet. In Berlin war schon 1724, einige Jahre nach der Charité, eine Medizinische Akademie für Militärärzte gegründet worden, der 1799 die Bauakademie und 1821 das Technische Institut, seit 1827 Gewerbeinstitut, folgten, aus denen später die Technische Hochschule Charlottenburg entstand. Ähnlich ist in Schweden das «Karolinska Institutet» in Stockholm 1810, mitten im verheerenden Krieg mit Russland um Finnland, als eine eigenständige militärärztliche Ausbildungsstätte ohne Anbindung an eine Universität geschaffen worden.

Das Netzwerk der europäischen Universitäten, das die Mobilität der Lehrenden wie der Lernenden ermöglichte, war im Grunde schon im Gefolge der Konfessionalisierung in drei voneinander getrennte europäische Teilnetze zerbrochen, wenngleich Grenzüberschreitungen immer noch möglich waren. Zum Studium jedenfalls der Rechtswissenschaft gingen deutsche Lutheraner durchaus ins katholische Italien. Der Philologe, Rhetoriker und Staatsphilosoph Justus Lipsius wechselte je nach Universität sein Bekenntnis von katholisch (in Löwen) über lutherisch (in Jena) und calvinistisch (in Leiden) zurück zu katholisch (in Löwen). Im 18. Jahrhundert begann allmählich die Verdrängung des Lateinischen als gemeinsamer europäischer Lehrsprache durch die Nationalsprachen. In der Zeit der großen Revolutionen verschob sich damit der Fokus der Universitätsentwicklung noch mehr weg von der gemeinsamen europäischen Basis hin zu eher national bestimmten Eigenwegen. Besonders unterschiedlich sind hierbei, jeweils ausgehend von der grundsätzlichen Alternative von Universität und Spezialhochschule, der französische und der deutsche Weg in die Moderne.

6. Universitätsreform nach 1800 I: Frankreichs Weg zu einem dualistischen System mit Vorrang der «Grandes Écoles»

Frühe Alternativ-Institutionen und Schließung aller Universitäten in der Revolution

In Frankreich gab es, anders als in Mitteleuropa, im 17. und 18. Jahrhundert keine Welle von Universitätsgründungen und auch keine bedeutende Bewegung zu ihrer Reform von innen. Andererseits entwickelten sich in der Metropole Paris die regelmäßigen «Salons» adeliger Damen zu Zentren des intellektuellen Austauschs, und in Paris entstanden auch erste wissenschaftliche Institutionen jenseits der Universität. Bereits 1530 ernannte König Franz I. königliche «Vorleser», die Fächer außerhalb des klassischen Kosmos der Artes-Fakultät lehren sollten. Dazu zählten vor allem die drei für den neuen Humanismus grundlegenden Sprachen Hebräisch, Griechisch und Latein, deren philologisch-kritische Lehre an der Sorbonne noch lange verpönt blieb, und bald gab es an diesem «Collège des trois langues» auch Professoren für französisches (nicht mehr: Römisches) Recht, Mathematik und Medizin. Ihre Lehre war kostenlos, aber das heutige «Collège de France» war (und ist) keine Universität und kannte deshalb weder eine förmliche Aufnahme durch Immatrikulation als Studierender noch verlieh es akademische Grade. Bis heute ist der Zugang zu den Vorlesungen dort für jedermann frei. Auch andere ursprünglich dem königlichen Willen entsprungene Institutionen folgten dem Weg der Spezialisierung zu einer außeruniversitären Wissenschaftseinrichtung, als nächstes im Jahr 1635 der «Jardin du Roi» oder «Jardin des plantes médicales», weit mehr als ein Heilpflanzengarten. Hier wurde, ebenfalls kostenlos, für alle und in französischer Sprache nicht nur über engere Fragen der Botanik vorgetragen, sondern auch darüber hinaus, etwa zur neuen Lehre vom Blutkreislauf, als diese Entdeckung durch William Harvey an der Sorbonne noch abgelehnt wurde. 1667 folgte das «Observatoire de Paris», das älteste noch immer der Forschung dienende astronomische Observatorium der Welt, durch das der Meridian von Paris verläuft, der die Grundlage der Vermessung von Frankreich darstellt. Mit der Gründung der «École des Ponts et Chaussées» 1747 für beamtete Zivilingenieure, die im Ausbau der Infrastrukturen tätig waren, und ein Jahr später ihrer Schwester, der «École du Génie» in Mézières für die Pionieroffiziere und schließlich 1783 der «École des Mines» als zentraler bergbaulicher Ausbildungsstätte in Paris bildete sich ein strikt geregelter Schulbetrieb aus, der sich an untergebene «élèves» (Zöglinge) richtete und nicht wie an den Universitäten an akademische Bürger.

Der große Umbruch kam mit der Französischen Revolution seit 1789. Sie ließ diese neuen Spezialhochschulen unberührt, ja weitete ihr Tätigkeitsfeld sogar noch aus, während sie die alten Universitäten mit einem Dekret vom 15. September 1793 fast ohne jeden Ersatz auflöste. Ähnlich wie die Zünfte des Handwerks und überhaupt wie alle Organisationen, die für sich ein eigenes und besonderes Recht neben dem neuen, für alle in gleicher Weise geltenden Recht der Nation beanspruchten, widersprachen die Universitäten grundsätzlich dem revolutionären Ideal der Gleichheit. An den Universitäten wurde zudem genau dasjenige alte Recht gelehrt, das die unberechtigten, Abhängigkeit schaffenden und schon 1789 aufgehobenen Sonderrechte des Adels und des Klerus stützte. Auch war das gesamte Bildungssystem untrennbar mit dem verhassten Monopol des privilegierten katholischen Klerus verbunden, gerade wenn er Protestanten ausbildete und deren intellektuelle Freiheit beschränkte. Schon in seinem einflussreichen Bildungsplan von 1792 hat der Mathematiker und eher gemäßigte Revolutionär Marquis de Condorcet die in Frankreich bis heute herausragend wichtige weltanschauliche Neutralität des Staates in allen Fragen der Erziehung begründet. Zugleich forderte er das Recht eines jeden (auch jeder Frau) auf Zugang zum Lernen dessen, was dem Menschen Unabhängigkeit im Denken und Urteilen verleiht.

Schrumpfformen von Universität, Kontinuität der «Grandes Écoles» und das System von Napoleons «Université Impériale»

Die Universitäten wurden aufgelöst, fast ohne jeden Ersatz, denn dabei erschienen die medizinischen Fakultäten als einzige dann doch noch weiterhin nützlich. In reduzierter Zahl und unter dem bis dahin für die jüngere außeruniversitäre Konkurrenz der Spezialhochschulen üblichen Namen «École» wurden drei von ihnen in Paris, Straßburg und Montpellier schon im Dezember 1794 (14 frimaire an III) als «Écoles de Santé et Pharmacie» wiedererrichtet. Und selbst die Lehre der Rechtswissenschaft kehrte später wieder, nachdem Napoleon nach intensiven Beratungen mit einer Reihe hervorragender Juristen den großen Wurf eines Zivilgesetzbuchs, des «Code Napoléon», für Frankreich erarbeitet hatte. Als 1806 im Kaiserreich Napoleons zwölf neue «Écoles de Droit» eingerichtet wurden, war das linksrheinische Deutschland ein Teil Frankreichs. So erhielt neben Brüssel und Turin auch Koblenz als Hauptstadt des Departements «Rhin-et-Moselle» (Rhein und Mosel) eine solche Rechtsschule. Ihre mehrheitlich deutschen Lehrenden eröffneten sie mit einer Festrede ausgerechnet in lateinischer Sprache. Das illustrierte das Nebeneinander der beiden an sich unvereinbaren Konzeptionen wissenschaftlicher Lehre in Universität oder Spezialhochschule; es bekräftigte die in Deutschland nur wenig gebrochene Universitätstradition. Die Koblenzer Professoren übersetzten das Gesetzbuch Napoleons ins Deutsche und traten nach dem Ende der napoleonischen Herrschaft erfolgreich für die Weitergeltung des «Rheinischen Rechts» (bis zum Bürgerlichen Gesetzbuch 1900) in diesem Teil Preußens ein.

Den am weitesten reichenden Bruch mit der überlieferten Idee der Universität bezeichnete die Gründung der bald so genannten «École Polytechnique» in Paris im Dezember 1794 (1er nivôse an III) durch die radikalen Revolutionäre im diktatorischen Wohlfahrtsausschuss um Robespierre. An dieser ersten aller technischen Hochschulen spielte das Lateinische keinerlei Rolle mehr. Stattdessen fiel die Aufgabe einer neuen «lingua franca», einer universalen und rationalen Sprache für alle technischen Fächer, der Mathematik zu, insbesondere der Darstellenden Geometrie und der Algebraischen Analysis. Sie waren grundlegender Lehrstoff in den ersten beiden Jahren an der allgemein orientierten «École Polytechnique», bevor man sie verließ und sich auf einer der auf ihr aufbauenden Anwendungsschulen («Écoles d'application») spezialisierte. Gaspard Monge und Lazare Carnot waren die führenden mathematischen Lehrer der Gründungszeit. Ihr Schüler Charles Dupin exportierte Elemente der neuen Konzeption erstmals 1808. Auf der damals zu Frankreich gehörigen ionischen Insel Korfu, dem einzigen nicht unter osmanischer Herrschaft stehenden Teil Griechenlands, gründete er eine anwendungsnahe «Académie Ionienne».

Für die im privaten Sektor tätigen Ingenieure ist die «École Nationale Supérieure des Arts et Métiers» (ENSAM) eine entsprechende «Grande École» (seit 1976), die auf Napoleon zurückgeht, der in ihr vorrevolutionäre und revolutionäre Schulgründungen zusammenfasste. Parallel zur «École Polytechnique» war schon im Oktober 1794 auf Anregung des Abbé Grégoire das «Conservatoire des Arts et Métiers» (heute CNAM) eingerichtet worden, das für die Weiterbildung von Technikern und Ingenieuren im privaten Sektor sorgte. Bereits im frühen 19. Jahrhundert verband es in einem pluridisziplinären Ansatz die Technik- mit den Wirtschaftswissenschaften. Dort lehrten gleichzeitig der aus dem Ausland zurückgekehrte Dupin und der Nationalökonom Jean-Baptiste Say. Heute zählt das CNAM fast 100 000 berufsbegleitend Studierende.

Die aus der Revolution hervorgegangene neue «École Polytechnique» und die älteren Spezialhochschulen bilden zusammen mit vielen jüngeren Gründungen heute die Spitzengruppe der angesehensten Institutionen höherer Bildung in Frankreich. Man kennt sie als «Grandes Écoles», obwohl dieser Begriff nirgendwo genau definiert ist, insbesondere nicht rechtlich. Bis heute wacht keine Akkreditierungsagentur über seine angemessene Verwendung, sondern, wenn überhaupt, diese Spezialhochschulen selbst durch ihre «Conférence des Grandes Écoles». Ihr gemeinsames vor-revolutionäres Erbe ist das strikte

Leistungsprinzip der Auswahl durch Wettbewerb. Schon 1692 hatte Vauban als Verantwortlicher für alle Festungen Ludwigs XIV. einen «concours» (Aufnahmeprüfung) für die Ausbildung der künftigen Festungsbauer und Pioniere eingeführt. Artillerie und Marine, die anderen «armes savantes» (gelehrte Waffengattungen), folgten bald. Das war ein völlig anderes Rekrutierungsmodell als der sonst übliche korrupte Nepotismus des Ancien Régime, wurde aber vor der Revolution doch wieder erheblich aufgeweicht durch die Forderung nach Verwandtschaft mit einem Offizier und später sogar nach mindestens vier adeligen Vorfahren. Heute öffnet nur das Bestehen des für alle offenen, anonymen und meist sehr strengen Eingangswettbewerbs, des «concours d'admission», jungen Leuten den Zugang zu den Spezialhochschulen. Die «Grandes Écoles» sind damit Bildungseinrichtungen für eine neue, jetzt republikanische Elite geworden, die sich inzwischen abgeschlossen hat und sich aus sich selbst heraus ergänzt. Der Soziologe Pierre Bourdieu untersuchte mit dieser Perspektive die 1946 unmittelbar nach dem Zweiten Weltkrieg geschaffene «École Nationale d'Administration» (ENA) und beschrieb ihre Absolventen als die neue geborene «noblesse d'État», als die Aristokratie der Republik, aus der fast alle Präsidenten und sehr viele Minister hervorgingen.

Die Revolution wurde durch Napoleon für beendet erklärt, und er konsolidierte dann ihre Errungenschaften in neuen Strukturen. Mit einem Dekret vom 17. März 1808 organisierte er für Frankreich ein neues zusammenhängendes, nationales und öffentlich finanziertes System der Bildungseinrichtungen, das in den Grundzügen noch heute besteht. Es bildet die Grundlage für den Dualismus von «Grandes Écoles» und anfangs nur sehr schwach ausgebildeten universitären Einrichtungen. Napoleons 1806 gewählte Bezeichnung für dieses System war «Université Imperiale», Kaiserliche Universität (später auch «Université de France» oder einfach «Université»), eine Bezeichnung, die jedoch zu der langen Tradition der europäischen Universität als selbstbestimmter Organisation eigenen Rechts so gar nicht passen will. Der Sache nach war und ist das ein zentrales Ministerium («Ministère de l'Instruction Publique» und seit 1932 «Mi-

Nach dem Vorbild der inneren Verwaltung organisierte Napoleon auch die neue Kaiserliche Universität Frankreichs in strikt hierarchischen Formen unter einem «Grand Maître», faktisch einem Erziehungsminister, der seit 1826 auch diesen Titel führt. Entsprechend der Einteilung Frankreichs in Obergerichtsbezirke wurde in den Bezirken der Appellationsgerichte jeweils eine Stadt zum Sitz einer «Académie» unter einem ernannten «Recteur de l'Académie» bestimmt. Bis heute ist dieser «Recteur» der Dienstvorgesetzte des gesamten Personals im Gebiet seiner «Académie». Diese französische Begrifflichkeit hat weder etwas mit den mitteleuropäischen Vorstellungen vom Rektor als gewähltem Leiter einer Universität noch von einer Akademie als einer Gelehrtengesellschaft zu tun.

Napoleons «Université Imperiale» wandte sich in der Sache von den revolutionären Universitätssplittern der medizinischen und juristischen «Écoles» wieder ab. Im Unterschied zu den aufgelösten mittelalterlichen Strukturen der alten Universitäten traten an die Stelle der alten Artes-Fakultät zwei neue Fakultäten für die geisteswissenschaftlichen «lettres» und für die naturwissenschaftlichen «sciences», analog zu der zweifach möglichen Ausrichtung der höheren Schulen. Die Hauptaufgabe der Professoren in den wenigen (es gab anfangs nur 16 für ganz Frankreich) neuen Fakultäten bestand nicht in Forschung und selten in eigentlich akademischer Lehre, sondern in Vorträgen für ein gebildetes Publikum in der Stadt und vor allem in der Beamtenpflicht, bei der Verleihung des akademischen Grades des «baccalauréat» als Schulabschluss in der ganzen Region mitzuwirken. Reste davon haben sich erhalten, wenn heute noch in Vertretung des Ministers ein Universitätsprofessor die entsprechenden Zeugnisse in Massen unterschreibt. Auch wenn seit Napoleon die Bezeichnung Universität wieder ein Begriff in Frankreich geworden war, hatte sie doch einen anderen Inhalt als zuvor bekommen. In der Sache gab es in Frankreich von der Auflösung der mittelalterlichen Universitäten 1793 bis zu ihrer begrenzten Wiedererrichtung 1896 für mehr als hundert Jahre keine wirkliche Universität als Stätte wissenschaftlicher Lehre mit ausgeprägter Selbstständigkeit und Identität.

Mit der Wiedererrichtung von Fakultäten 1808 kehrte die alte Autonomie und Gesamtheit der Universitäten in Frankreich nämlich nicht wieder. Selbst wenn es mehrere oder gar, wie in Paris, alle möglichen Fakultäten in einer Stadt gab, durften sie doch in keiner Weise miteinander zusammenarbeiten. Erst 1896 wurde das zugelassen, als späte Reaktion auf den tief verunsichernden Französisch-Deutschen Krieg von 1870/71, dessen Ausgang Ernest Renan als einen Sieg der deutschen Universitätsidee ansah. Zwar kam in Frankreich nicht wie in Deutschland die Philosophische Fakultät in eine Führungsrolle, aber die universitären Naturwissenschaften orientierten sich nun stärker zur Forschung. Den neuen Universitäten blieben allerdings die Selbstständigkeit und die Wahl der eigenen Amtsträger weiterhin versagt. Erst im Gefolge der von den Universitäten (in Nanterre schon 1967) ausgehenden Bewegung von 1968 erhielten die französischen Universitäten wieder gewisse Selbstverwaltungsrechte, etwa zur Wahl ihrer Präsidenten. Die Studierenden waren damals das erste Mal bei allgemeinen Universitätswahlen zur Wahl von Vertretern berechtigt (und 1984 kam es zur Parität in den Gremien). Zugleich wurden die großen Universitäten in viele kleinere aufgesplittert (aus der «Sorbonne» wurden Paris I bis Paris XIII) und auch die Fakultäten in kleinere Lehreinheiten aufgelöst. Die enge Abgeschlossenheit in den Entscheidungsgremien sollte damit aufgebrochen werden, aber die vom Staat zentralistisch monopolisierten Lehrprogramme und die national einheitlichen Prüfungen begrenzten die Spielräume. Wirkliche Autonomie hatte nur das Experiment des kulturwissenschaftlichen, bald in radikalisierte Richtung abdriftenden «Centre universitaire expérimental» in Vincennes, an dem von 1968 bis zu seiner Schließung 1979 u.a. Michel Foucault, Jean-François Lyotard und Gilles Deleuze lehrten.

Im Grunde zielte das nachrevolutionäre Bildungssystem Frankreichs auf die präzise geregelte Vorbereitung für einen – sehr oft auf Mathematik aufbauenden – Beruf und erwartete im Gegenzug die Übernahme von Verantwortung in einem breit gedachten, Privates einschließenden allgemeinen Interesse. Forschung allein um des Fortschritts einer Wissenschaft willen dagegen war kein besonderes Thema an den französischen Fakultäten des 19. Jahrhunderts. Entsprechende Infrastrukturen dafür wie Universitätsbibliotheken oder Institutslaboratorien waren äußerst selten, was trotz intensiver Anstrengungen bis heute nachwirkt. Napoleons Kaiserliche Universität trug erheblich dazu bei, dass die in ihrer Tradition ungebrochenen «Grandes Écoles» ihre Stellung und vor allem ihr soziales Prestige weiter ausbauen konnten, zumal sie (und außerhalb der Rechts- und Medizinfakultäten: nur sie) explizit für eine nützliche berufliche Anwendung schulten. Bis ins 20. Jahrhundert behielten sie einen mathematisch-naturwissenschaftlichen Schwerpunkt. Auf die seit ihrer Einführung durch Vauban alles entscheidenden Wettbewerbe («concours») stellte man sich vor der Revolution nicht durch den Besuch der mathematik-fernen Schulen und Universitäten, sondern durch private Lehrer und private Pensionate ein. Napoleon holte auch diese Vorbereitung in das durch seine Kaiserliche Universität vom Staat monopolisierte Bildungswesen. Als er 1802 die «Lycées» einrichtete, erhielt jedes auch eine mathematische Klasse zur Vorbereitung auf den «concours», wozu die Prüfer durch ganz Frankreich reisten. Heute gibt es pro Jahrgang etwa 1000 solche zweijährigen «classes préparatoires» («prépa», Vorbereitungsklassen) nach dem Abitur. Zu ihnen wird man in einem zentralen Zulassungsverfahren nach Note und Votum des Schuldirektors zugelassen. Der Staat legt auch das Lehrprogramm fest, das strikt, verschult und erfolgsorientiert von besonderen Lehrern unterrichtet wird. Ihre Schüler lernen in den beiden Jahren formell zwar an einem «Lycée» (hohen Ansehens), aber sie sind keine Schüler mehr, sondern haben bereits den Status von Studenten. Kommen sie im «concours» nicht unter die Besten, die zu einer «Grande École» zugelassen werden, dann können sie ihre Vorbereitungsklasse und den Wettbewerb wiederholen, die Zulassung einer weniger exklusiven Schule erreichen oder ins dritte Studienjahr an der Universität wechseln. Die Universitäten werden so dank ihrer Offenheit zu einem Auffangbecken. In Frankreich sieht man große Vorzüge des extrem leistungsorientierten und eng abgeschlossenen Systems der «Grandes Écoles» darin, dass die künftigen führenden Gelehrten, Ingenieure und hohen Beamten dabei auch persönliche Fähigkeiten wie Selbstorganisation, Schnelligkeit, Ausdauer und auch Anpassung an stets wechselnde Situationen sehr früh und intensiv gelernt haben. Kritische Stimmen weisen auf die geringe soziale Durchlässigkeit dieses bewusst Eliten heranbildenden Systems gegenüber bildungsbenachteiligten Schichten hin und auf die nicht nur dem Gemeinwohl dienende lebenslange enge Vernetzung der «anciens élèves» untereinander durch die Ehemaligen-Vereine.

Forschung im CNRS, Lehre an den Universitäten: ein dualistisches Modell in Bewegung

Bei der Ausrichtung des Hochschulsystems in Frankreich seit der Revolution auf die Anwendbarkeit im Beruf war Forschung eher auf einzelne Forscher begrenzt und institutionell eher in einen außeruniversitären Rahmen eingebunden. Ein erster Schritt dazu war 1868 die Gründung der Pariser «École Pratique des Hautes Études» (EPHE) als reine Forschungsinstitution ohne das Recht zur Verleihung akademischer Grade. Sie sollte «die Forschung entwickeln und Gelehrte heranbilden». Der wissenschaftliche Nachwuchs («jeunes gens d'élite») sollte die Theorie durch Übungen befestigen und erweitern und sich durch eigene («praktische») Forschung ähnlich wie in den deutschen Seminaren, Instituten und Laboratorien heranbilden – dies aber zentralisiert, abseits der Universität und ohne Approbation durch andere Professoren wie im deutschsprachigen Raum in der Habilitation. Die «École Pratique» war in vier Sektionen eingeteilt, für Mathematik, für Physik und Chemie, für die anderen Naturwissenschaften und die Physiologie sowie für die historischen und philologischen Wissenschaften. Als 1886 im Vorfeld der 1905 vollzogenen endgültigen Trennung von Kirche und Staat die theologischen Fakultäten an den staatlichen Universitäten aufgehoben wurden, erhielt sie eine weitere, bewusst laikale und pluralistische Sektion für Religionswissenschaften. Die 1947 mit Unterstützung der amerikanischen «Rockefeller Foundation» eingerichtete 6. Sektion für Wirtschafts- und Sozialwissenschaften verselbstständigte sich im Jahre 1975 zur «École des Hautes Études en Sciences Sociales» (EHESS), die ihren Schwerpunkt konsequent auf geschichtswissenschaftliche Forschung im weitgespannten Rahmen von «économies, sociétés et civilisations» (Wirtschaftssysteme, Gesellschaften, Kulturen) legt. Ein Jahr nach der «École Pratique» gründete Louis Pasteur allein aus privaten Mitteln für die Medizin und Biowissenschaften das «Institut Pasteur», das erst seit 1965 auch aus öffentlichen Mitteln mitfinanziert wird.

1939 erst schuf der Staat zur Organisation und Finanzierung der gesamten Forschung den zentralistisch aufgebauten «Centre National de Recherche Scientifique» (CNRS). Seitdem gibt es in Frankreich den eigenen Beruf des wissenschaftlichen Forschers («chercheur») mit beamtenartigen Aufstiegsmöglichkeiten, denn allein der CNRS beschäftigt etwa 12 000 solche Forscher. Weitere von Ministerien getragene Ressortforschungseinrichtungen wie etwa das ähnlich strukturierte (heute: 2500 Forscher) «Institut Nationale de Santé et de la Recherche Médicale» (INSERM) für die Medizin folgten. Zwischen den die Wissenschaft voranbringenden Forschern und den die Wissenschaft lehrend verbreitenden Professoren entwickelte sich parallel zur Ressourcenverteilung eine entsprechende Arbeitsteilung. Französische Professoren verfügen nur äußerst selten über ein Büro in ihrer Universität, ein Sekretariat oder gar ihnen zugeordnete wissenschaftliche Mitarbeiter. Die Reformen der letzten Jahre ändern dieses Bild der Trennung zweier Welten aber deutlich. Ein Gesetz von 2006 («loi de programme pour la recherche») ermöglichte es, vor allem an den großen Universitäten das intellektuelle Potential der Professoren mit dem der Forscher des CNRS zu bündeln und die Forschungsressourcen gemeinsam zu nutzen. Gemeinsame Forschungszentren wurden eingerichtet und zuvor in Teiluniversitäten zersplitterte Universitäten wurden wiedervereinigt, allen voran (mit entsprechender Entwicklungsprämie des Staates) 2009 die neue «Université de Strasbourg». Parallel wurden 2005 die verstreuten Forschungsprogramme der Ministerien in einer «Agence Nationale de Recherche» (ANR) zusammengefasst, die mit inzwischen 1 Mrd.

Euro je zur Hälfte Technologietransfer und Programmforschung betreibt. Etwa die Hälfte der Projektgelder fließt dabei in einem «programme blanc» (offenes Programm) in nicht vorher von oben definierte Forschungen.

Speyer 1947: Späte Mischung von «École Supérieure» und Universität

Ein Jahr nach der Gründung der «École Nationale d'Administration» 1946 in Paris richtete am 11. 1. 1947 der zweite Mann der französischen Militärregierung in Deutschland, der «Administrateur Général» Émile Laffon, eine «École Supérieure d'Administration» ein. Sie lag in Speyer, in der ungefähren Mitte der von Rolandseck bei Bonn bis Lindau reichenden französischen Besatzungszone, und sie sollte für deren drei Länder Rheinland-Pfalz, Baden und Württemberg-Hohenzollern die Ausbildung der höheren Verwaltungsbeamten übernehmen. In der Art einer anwendungsorientierten «Grande École» machten in drei Spezialabteilungen Praktiker aus der Verwaltung vertraut mit der allgemeinen Verwaltung in Staat und Kommune, mit der Finanzverwaltung und mit der Wirtschafts- und Versorgungsverwaltung für die damals noch wie in der Kriegswirtschaft amtlich organisierte und weitestgehend rationierte Verteilung von Waren. Dass die neue Institution auf Deutsch «Staatliche Akademie für Verwaltungswissenschaften» hieß (und heute als Deutsche Universität für Verwaltungswissenschaften die kleinste deutsche Universität ist), war nicht einfach eine schlechte Übersetzung, sondern verdeutlichte die ganz unterschiedlichen Auffassungen von akademischer Bildung in beiden Traditionen. In der deutschen Universitätswelt der ersten Hälfte des 20. Jahrhunderts bezeichnete «Akademie» Teil-Universitäten, die nicht alle Fakultäten umfassten. Speyer sollte nicht nur «Grande École» werden, sondern auch Universität. Deren Ort war die «allgemeine Abteilung» mit Lehrstühlen für Verwaltungsrecht und -praxis, Haushaltsrecht, öffentliches Rechnungswesen, Geschichte und Politische Ökonomie. Die Abteilungen von damals und die obligatorische Eingangsprüfung gibt es nicht mehr, aber das starke Gewicht der Lehre durch Praktiker besteht ebenso fort wie der Disziplinen übergreifende Blick in Lehre *und* Forschung auf den gemeinsamen Gegenstand öffentliche Verwaltung, was die Postgraduierten-Universität Speyer zu einer einzigartigen Mischform aus beiden Konzeptionen macht.

7. Universitätsreform nach 1800 II: Humboldts Berliner Universität von 1810 in Zielen und Wirkungen

Äußere Umstände: Reform in der Katastrophe

Die Gründung der Berliner Universität und dann die Neuorientierung der deutschen und deutschsprachigen Universitäten in ihre Richtung war eine paradoxe Konsequenz der Katastrophe, in die die militärischen Erfolge Napoleons das Königreich Preußen führten. Nach der verlorenen Schlacht von Jena und Auerstedt 1806 kamen französische Truppen ins Land; Besatzungskosten und Kriegsentschädigungen mussten gezahlt werden. Alle Gebiete westlich der Elbe, mehr als die Hälfte Preußens, kamen an Napoleons Satellitenkönigreich Westphalen. So ging Halle an der Saale verloren, die wichtigste Universität, und eine Reihe von dort tätigen Professoren betrieb daraufhin die Gründung einer ähnlichen Universität in der Hauptstadt des Rest-Staates, zumal es in Berlin mit der Charité, der Medizinischen Akademie und der friderizianischen Akademie der Wissenschaften manche Anknüpfungspunkte dafür gab. Trotz der äußersten finanziellen Anspannung wurde die Berliner Universität schon im Jahre 1810 mit 24 Lehrstühlen und etwa 250 Studenten eröffnet – in einer ganz neuartigen inneren Gestalt, die Wilhelm von Humboldt durchsetzte. Eigentlich Sprachwissenschaftler, war er während der wenigen Jahre umfassender innerer Reformen im äußerlich geschlagenen Preußen von 1809 bis 1810 als Staatsrat eine Art Erziehungsminister. Auf die Berliner Friedrich-Wilhelms-Universität folgte bereits 1811 eine Schlesische Friedrich-Wilhelms-Universität in Breslau (aus der Zusammenführung der «Leopoldina», des alten österreichischen Jesuitenkollegs, mit der aufgelösten Universität von Frankfurt an der Oder) und 1818 die Rheinische Friedrich-Wilhelms-Universität in Bonn für die in den Friedensschlüssen nach Waterloo gewonnenen preußischen Rheinlande, die größer waren denn je. Ausgangspunkt der neuen Universitätsidee in Deutschland wurden somit am Anfang des 19. Jahrhunderts die «drei (preußischen) B's: Berlin, Breslau und Bonn».

Reformziel: Bildung der Persönlichkeit durch kritisches wissenschaftliches Arbeiten

Auch im Preußen der Aufklärung und ihres neuen Nützlichkeitsdenkens hatte das Ideal der anwendungsbezogenen Spezialhochschule nach dem Muster französischer «Grandes Écoles» viele und einflussreiche Fürsprecher. Noch Humboldts Vorgänger von 1797 bis 1807, Staatsminister Julius Eberhard von Massow, sprach den Universitäten «in ihrer aus dem Altertum herrührenden Einrichtung» ab, zum «jetzigen Bedürfnis der moralischen, scientifischen und praktischen Bildung» zu passen und damit für das bürgerliche Leben brauchbare Staatsbürger erziehen zu können. Ohne dass es ihm um ein revolutionäres Gleichheitsideal oder eine Verpflichtung auf das Wohl aller ging, war Massow doch «aus der Fülle seines Herzens» dafür, dass «statt der Universitäten nur Gymnasien und Akademien für Ärzte, Juristen usw. usw. sein sollten».

Die neue preußisch-deutsche Universität, für die paradigmatisch die Berliner Gründung von 1810 steht, entfaltete dagegen eine Wirkung in die Gesellschaft indirekt, indem sie sich die Herausbildung und Festigung der Individualität des einzelnen jungen Menschen als Lehr-Ideal setzte. Es kam zunächst aus dem Neuhumanismus, einer nach dem Humanismus der Renaissance zweiten, in Mitteleuropa besonders starken Rückwendung zur Beschäftigung mit der klassischen Antike. Vor allem die intensive Beschäftigung mit der griechischen Sprache und Kultur galt als Zugang zu einem zeitlosen Lebens-Ideal menschlicher Harmonie und Kreativität. Hölderlin formulierte das in einem Zeitalter fortwährender Kriege als rhetorische Frage, obwohl es damals vielen erstmals um die Behauptung des eigenen Volks und Vaterlands ging:

«Was ist es, das
An die alten, seligen Küsten
Mich fesselt, daß ich mehr noch
Sie liebe, als mein Vaterland?»

An der von den Kriegen wenig berührten Universität Königsberg hatte zur selben Zeit Immanuel Kant in seiner Schrift «Der Streit der Fakultäten» von 1798 die mittelalterliche Universitätsidee entscheidend weiterentwickelt. Eine neue «Philosophische Fakultät» solle ihre künftige Grundlage darstellen, in der das gelehrt und gelernt werden sollte, was für ihn Grundlage aller Wissenschaft war: stets gute Gründe zu formulieren und argumentativ, nicht auf Autorität bezogen, Anspruch auf Wahrheit und Geltung zu erheben. Wahrheitsstreben dieser neuen Art setzt ein immer neues Überprüfen durch sich selbst und durch andere voraus.

Die preußischen Reformer, hohe Beamte einerseits, engagierte Wissenschaftler andererseits, bauten auf diesen Ideen auf. Wilhelm von Humboldt entwickelt die prägnante Formel für das, worum es an der idealen neuen Universität gehen musste, nämlich um «Wissenschaft als etwas noch nicht ganz gefundenes und nie ganz aufzufindendes». Wissenschaftliche Arbeit, für die bald «Forschen» ein fester Begriff wurde, war nunmehr ein stetiger und prinzipiell nicht abschließbarer Prozess. Dafür ist eine uneingeschränkt kritische Haltung nötig und man muss eine «Urteilsvermögen» erwerben, das der Philosoph Johann Gottlieb Fichte in seiner Universitätsschrift als «die Kunst des Sichtens des Wahren vom Falschen, des Nützlichen vom Unnützen, und das Unterordnen des minder Wichtigen unter das Wichtige» fasste. Dieses Verständnis von Wissenschaft hatte entscheidende Folgen auch für die Studierenden. Sie sollten in der Mitte stehen, als Individuen, und es sollte um das Bilden ihrer Haltung und ihrer Persönlichkeit aus dem Vorbild der Wissenschaft gehen. Einen jungen Menschen zu «bilden» hieß für Humboldt ganz klar, «ihn nicht zu äußeren Zwecken zu erziehen». Vielmehr müsse er sich selbst bilden durch den Umgang mit der sich unablässig selbst in Frage stellenden Wissenschaft.

Ein Studium in diesem Sinne konnte überhaupt nicht auf einen konkreten Beruf vorbereiten. Die Fertigkeiten zur Anwendung des an der Universität Gelernten sollten deshalb nach dem Studium und außerhalb der Universität vermittelt werden. Die neue preußisch-deutsche Universität wollte durch das Beispiel und Vorbild kritisch verstandenen Forschens bei den Studierenden eine Selbst-Erziehung zu Sachlichkeit, Vorurteilslosigkeit und Wissenschaftlichkeit fördern. Sie sollte zur Bildung von Persönlichkeit beitragen, aber nicht vorrangig Ausbildung für einen Beruf leisten.

In der Praxis beanspruchte in der neuen Berliner Universität die Klassische Philologie für sich, *das* Grundlagenfach innerhalb der zentralen neuen Philosophischen Fakultät zu sein. Natürlich waren Latein und Griechisch die entscheidenden Fächer am preußischen Gymnasium, dessen Reife-Prüfung des Abiturientenexamens schon seit 1788 einen normierten Zugang zum Studium eröffnete. Doch scheiterte dieser 1810 erhobene Anspruch, alle Studenten, vor allem auch die vielen Mediziner, erst einmal ein ganzes Jahr in einem «studium generale» der Altertumswissenschaften zu binden, sehr schnell an der Realität.

Bei alledem blieb die Universität eine Staatsanstalt (wie schon ihre Reformvorgänger Halle und Göttingen), und die Sorge für sie wurde ausdrücklich eine Staatsaufgabe. In diesem Sinne sagte das Preußische Allgemeine Landrecht bereits 1794 klar: «Schulen und Universitäten sind Veranstaltungen des Staates.» Doch stellte das stete Fortschreiten der Wissenschaften für die Reformer einen nicht weiter begründungsbedürftigen Selbstzweck dar, auf den sie mit «inhaltlicher Askese» (Julian Nida-Rümelin) antworteten, denn sie sahen sehr deutlich, dass langfristig gerade solche junge Menschen, die sich durch die Teilhabe an der Forschung zur Urteilsfähigkeit bildeten, dem Gemeinwesen am besten nützen. Humboldt legte bei aller Freiheit der Wissenschaft die Verantwortung für die Berufung neuer Professoren doch in die Hände des Staates, der ein Gegengewicht gegen inneruniversitäre Absprachen und Rücksichtnahmen bilden sollte. Seit 1819 verstärkte sich im ganzen Deutschen Bund der direkte staatliche Einfluss nochmals erheblich. Die «Karlsbader

Beschlüsse» verlangten zur politischen Überwachung von Professoren und Studenten an jeder Universität einen «Kurator» des Staates zur Überwachung auch aller Entscheidungen. Dieses Amt überlebte seine polizeistaatlichen Ursprünge. Die Kuratoren behielten zwar die Kontrolle über das jeweilige Stiftungsvermögen, sie hatten aber bis weit ins 20. Jahrhundert eine oft hilfreiche Scharnier-Funktion zur jeweiligen Staatsverwaltung. Hochgebildete Männer wie Moritz Seebeck in Jena (1851 bis 1877 tätig) sprachen in ihrer langen Amtszeit gerade in Berufungsfragen sehr fundierte Empfehlungen aus.

Wirkung auf die Professoren: «Imperativ zur Forschung» und Privatdozententum

Wenn Forschung als stetige methodische Suche nach Neuem für die neue Universität neuer Zweck in sich war, dann musste die forscherische Leistung zum entscheidenden Kriterium für die Bewertung der Lehrenden werden. Ihre fachinterne Reputation, auf das Fach bezogen und durch die Fachkollegen vermittelt, etwa in Rezensionen wie denen der «Göttinger Gelehrten Anzeigen», wurde immer wichtiger für die Berufungsentscheidungen der Universitäten bei der Ergänzung ihres Lehrkörpers. Professoren standen zunehmend unter einem inneren Imperativ zur Forschung, dem von R. Steven Turner so genannten «research imperative». Kennzeichnend für diese innovative Veränderung im Selbstverständnis der Lehrenden ist die Entwicklung der neuen Institution des Privatdozenten, des Nachwuchses an potentiellen Professoren. Der Name kommt daher, dass die Privatdozenten zwar (bis heute) zur Lehre berechtigt sind, aber dies auf private Rechnung tun und (noch) nicht vom Staat, dem Träger der Universität, besoldete Professoren sind; damals erhielten sie immerhin noch die für jede Lehrveranstaltung zu entrichtenden «Hörgelder». Analog zur mittelalterlichen Prüfung durch die Lehrenden mit dem Ziel der vom Papst autorisierten Verleihung der «libertas docendi» bestimmte im neuen Verfahren der Habilitation die gesamte Fakultät die Befähigung zur Lehre. Die Anforderungen waren an der neuen Berliner Universität anfangs relativ gering; der junge akademische Lehrer musste erst einen lateinischen Vortrag vor der Fakultät halten und dann noch eine Probevorlesung in deutscher Sprache vor der akademischen Öffentlichkeit, d.h. auch vor Studenten. Recht schnell stiegen die Standards aber durch die Pflicht zur Vorlage einer Habilitationsschrift. Zum wesentlich neuen Element in der Habilitation wurde damit die Erbringung und Approbierung einer erwarteten eigenständigen Forschungsleistung durch die Gemeinschaft der anderen Forscher in der Fakultät, und damit gewann die Forschung herausragende Bedeutung.

In einer überindividuellen Perspektive wurde an der deutschen Universität die Zuerkennung der Lehrbefähigung abgekoppelt vom Bedarf an neuen akademischen Lehrern. Eine wirkliche dauerhafte Stellung als Professor konnte man durch sie gerade nicht erreichen, sondern man hatte sich nun erst recht dem Wettbewerb mit den älteren, erfahreneren Kollegen zu stellen, und es bedurfte eines weiteren Ausleseverfahrens an einer anderen Fakultät zur Berufung auf einen Lehrstuhl. Für den fortschrittlichen deutschen Liberalismus der Zeit interpretierte das weitverbreitete «Staatslexikon» von Karl von Rotteck und Karl Theodor Welcker (Rechtsprofessoren in Freiburg und Heidelberg) das Privatdozententum klassisch als eine Auslese nach marktähnlichen Prinzipien: «Die erste Lehrtätigkeit des akademischen Lehrers ist aber gewöhnlich die des Privatdocenten, ein der deutschen Universität eigenthümliches Institut von den heilsamsten Wirkungen, dem die deutschen Universitäten ihren trefflichen Nachwuchs von jungen Leuten verdanken. Die entbehrungsreichen Jahre des Privatdocententhums bürgen dafür, dass nur junge Männer mit einem wahren wissenschaftlichen Trieb sich dem Lehrfach widmen; auch zwingen sie zu anstrengendem Wetteifer, bereiten den ältern Lehrern eine zum Gedeihen der Wissenschaft nicht unförderliche Concurrenz und bieten endlich die erleichterte Möglichkeit, dass zum Lehrfach untaugliche Individuen vor der definitiven Anstellung sich aus diesem Noviziat andern Berufen zuwenden.» Sozialgeschichtlich ist nicht zu übersehen, dass wegen dieser Wartejahre als Privatdozent ein Lehrstuhl nur für Männer mit Vermögen, eigenem oder angeheiratetem, erreichbar war. Wilhelm Heinrich Riehl, als Beobachter der sich auseinander entwickelnden Welten von Land und Stadt ein früher Soziologe, beschrieb die Privatdozenten deshalb als die «Proletarier der Geistesarbeit».

Mit den Begründungsansprüchen aus der neuen Philosophischen Fakultät und der sich daraus entwickelnden Forschungskultur von Habilitation, Privatdozentur und Reputationssuche veränderte sich auch die innere Struktur der Fakultäten. Die Erweiterung von Lehrstühlen zu Instituten innerhalb der Universität war zunächst in den Naturwissenschaften die unentbehrliche Grundlage für eine forschungsorientierte Lehre in Experimentalvorlesungen und für das Training des Nachwuchses in hochspezialisierter Forschung. Der Chemiker Justus Liebig war ab 1818 an der neuen Bonner Universität als Assistent im Laboratorium von Karl Kastner tätig, bevor er mit 21 Jahren im Jahre 1824 den Lehrstuhl für Chemie in Gießen übernahm und dort schrittweise sein Institut ausbaute. Im Jahre 1852 nahm er einen Ruf nach München an; König Maximilian II. hatte ihm außer einem modernen Institut einen großen Experimentalhörsaal und dazu ein Wohnhaus in unmittelbarer Nähe angeboten. In den Geisteswissenschaften verbreitete sich analog das Seminar, eine spezialisierte Forschungsbibliothek, in der die mit demselben Wort bezeichnete Lehrform der forschungsorientierten Universität ihren Ort fand. Diskutierend und Argumente abwägend arbeiteten Professor und Studenten gemeinsam und mindestens in der Idee gleichberechtigt, sei es philologisch an literarisch-philosophischen Texten oder historisch an politischen Quellen. Institut wie Seminar hatten nicht nur eine materielle Komponente, sondern brachten auch eine neue Kategorie wissenschaftlichen Personals in die Universität, den «wissenschaftlichen Assistenten». Der Lehrstuhlinhaber wurde zum Instituts- oder Seminarvorstand und verfügte selbstständig über dessen Ressourcen; in diesem Rahmen konnte er seinem Assistenten Gelegenheit geben, sich auf die Habilitation vorzubereiten.

Forschungsorientierung und Privatdozentur trieben nicht unmittelbar, aber doch mit der Zeit die anhaltende Spezialisierung der Wissenschaften in neue Teilfächer voran. Aus dem Lehrstuhl für klassische Philologie wurden zwei, einer für griechische und einer für lateinische Philologie; Ähnliches geschah in vielen weiteren Fächern wie der Mathematik, Chemie oder Physik. Auch wurden die Grenzsäume zwischen den Disziplinen aufgefüllt, etwa bei der Physikalischen Chemie oder der Experimentellen Medizin. Die durchschnittliche Zahl der Lehrstühle an den deutschen Universitäten stieg im 19. Jahrhundert zunächst beträchtlich an, von 20 im Jahre 1796 auf 32 im Jahre 1835 (Berlin war 1810 mit seinen 24 Gründungslehrstühlen in dieser Sicht eine ganz normale Universität), stagnierte dann im zweiten Jahrhundertdrittel und wuchs auf 40 Lehrstühle pro Universität 1870 und schon 46 im Jahre 1880.

Studenten an der Forschungsuniversität: Neugier oder Brotstudium?

Ihrem Wesen nach war die neue Universität nicht mehr Lern- und Ausbildungsanstalt, sondern Forschungsuniversität. Wenn ihre forschende Haltung mittelbar auf die Entfaltung der Persönlichkeit einwirken sollte, dann durfte sie ihre Studierenden nicht durch feste Curricula und Studienjahre knebeln, sondern musste ihnen weite Freiräume eröffnen sowohl in der Wahl der Themen als auch bei der Suche nach anregenden Vorbildern – nichts anderes war die «akademische Freiheit» neuer Art. Die neue Freiheit war nicht mehr wie in der alten Universität ein Anhängsel des akademischen Bürgerrechts, in dessen Freiräumen der Pennalismus blühen konnte, sondern sie richtete sich als Erwartung an die Studierenden, sich in «Einsamkeit und Freiheit» (Helmut Schelsky) der Wissenschaft zu widmen, und ihr allein. Die neue deutsche Universität sah ihre Aufgabe gerade nicht darin, in eine kollektive Lebensform hinein zu erziehen, wie dies in ganz anderer Weise die englischen Colleges taten, indem sie das sozial anders verwurzelte Ideal des vielseitigen «gentleman» verfolgten und dazu u. a. den Mannschaftssport im «team» sehr hoch hielten.

Doch Wissenschaft als Selbstzweck ist schwer zu leben, und in dem sozialen Vakuum, das die Neuorganisation der Universi-

erwuchs und von der Chinesischen Republik 1927 als eine der ersten Universitäten außerhalb Pekings anerkannt wurde. Sie war bis in die späten 30er Jahre des vergangenen Jahrhunderts weitgehend getragen durch deutsche Professoren.

tät ließ, bildeten sich in den Verbindungen neue Gruppenformen im studentischen Alltag. Das Leben in solchen Männergruppen brachte Zwänge eigener Art mit sich. Man musste an den Pennalismus erinnernde Initiationsriten über sich ergehen lassen, bei den Kneipen war ausgiebiger Alkoholkonsum selbstverständlich und vielfach, aber nicht überall, wurde das bewusste Zulassen der eigenen Verletzung im Zweikampf mit dem Säbel als Zeichen besonderen Mannesmuts erwartet. Der Glaube an eine besondere studentische Ehre bezog sich vor allem auf die der eigenen Verbindung, die bei – oft eher gefühlten als wirklichen – Beleidigungen mit der Waffe zu verteidigen war.

Die Promotion war in der neuen deutschen Universität eine Universitätsprüfung, die der idealen Vorstellung von Wissenschaft als Selbstzweck folgte. Von einer Dissertationsschrift wurde und wird erwartet, dass sie nicht nur vorhandenes Wissen reproduziert, sondern auch neues schafft und zum Fortschritt der Wissenschaft beiträgt. Ganz andere Ziele verband der Staat mit seinem im 19. Jahrhundert in Deutschland erheblich zunehmenden Berechtigungswesen. Während in Frankreich immer noch mit Hilfe eines Wettbewerbs ausgewählt wird, wer in eine Ausbildung und dann auch den entsprechenden Beruf eintreten darf, «berechtigen» in Deutschland Prüfungen am Ende einer Ausbildungsphase bis heute zum Eintritt in bestimmte Berufe. Das Abitur (Reifeprüfung) gab in Preußen schon seit 1788 ein klares Recht, danach zu studieren. Das «Einjährige» (Obersekunda-Reife und später Mittlere Reife) ermöglichte seit 1813 die Meldung zum Wehrdienst als Einjährig-Freiwilliger und eröffnete so den Zugang zum hoch angesehenen Status des Reserveoffiziers. Im Laufe des 19. Jahrhunderts kamen die verschiedenen Staatsexamina für akademische freie Berufe wie Ärzte, Apotheker und Anwälte und für höhere Beamte wie Richter, Gymnasiallehrer und viele andere hinzu. Ganz entgegen den Absichten der Universitätsreformen war selbst die Philosophische Fakultät, fern von der ihr zu Grunde liegenden Bildungsidee, in gewisser Weise auch nichts anderes als eine Spezialhochschule. 70% ihrer Studenten strebten um das Jahr 1850 eine Beamtenlaufbahn als Gymnasiallehrer, Bibliothekar, Archivar usw. an. Wenn sie während des Studiums zu dem Bildungserlebnis fanden, die kritische wissenschaftliche Auseinandersetzung gleichberechtigt und als Selbstzweck führen zu können, so war das doch spätestens gegen Ende des Studiums immer auch verbunden mit dem öden Zweck des Lernens für ein strenges Examen.

8. Die Ausstrahlung des neuen preußischen Universitätsmodells in den deutschsprachigen Raum

Bayern: Sparpolitik Ludwigs I. und Wissenschaftspolitik Maximilians II.

Die besondere Leistung der neuen Berliner Universität und dann auch der anderen preußischen Universitäten lag vor allem in der zunehmenden Forschungsorientierung und dem damit verbundenen höheren Qualitätsanspruch an die akademischen Lehrer. Diesem Anspruch konnten sich auf längere Sicht die anderen Länder im Raum deutscher Lehrsprache nicht entziehen. Äußerlich erhielt auch Bayern 1826 eine Universität in seiner Hauptstadt München, wohin damals die alte Universität Ingolstadt nach einem kurzen Zwischenspiel ab 1800 in Landshut verlegt wurde. Doch die Berufungspolitik von König Ludwig I. war nicht an preußischen Vorbildern zu messen. Wegen ihres wissenschaftsfernen Charakters ist sie eher als eine Sparpolitik zu fassen. Für den König war die Universität vor allem ein staatliches Prachtgebäude, durch das sein stadtgestaltendes Projekt der Ludwigstraße ähnlich gewinnen sollte wie durch die anderen Paläste, Ministerien und die Königliche Bibliothek; das Gebäude war ihm wichtiger als die Arbeit darin. Er ernannte immer noch neue Professoren vor allem aus dem Kreis der Universität selbst oder versetzte sie von anderen bayerischen Universitäten; auch dies trug nicht zur Schärfung eines forschungsorientierten wissenschaftlichen Profils bei. Die Sparpolitik Ludwigs I. verband sich dabei mit einer engstirnigen Konfessionalisierungspolitik, die München und Würzburg als dezidiert katholische Universitäten und Erlangen als das eher notwendige Übel einer lutherischen Universität ansah. Wirkliche Wissenschaftspolitik gab es in Bayern erst nach der Thronbesteigung Maximilians II. Anfang 1848 im Gefolge der Lola-Montez-Affäre seines Vaters. Als Kronprinz hatte er im protestantischen Ausland studieren dürfen, in Göttingen und in Berlin, wogegen aus Rom der Kardinalstaatssekretär förmlichen Protest eingelegt hatte. Maximilian II. verlangte 1852 von seinem Kultusminister eine Art Bestandsaufnahme und Bewertung der Universität München, ihrer Fakultäten und ihres Lehrpersonals. Mit der Abwerbung von Justus Liebig aus Gießen begann im Jahre 1852 die gezielte neue Berufungspolitik des Königs, für den Qualität mehr als politische Haltung und konfessionelle Prägung zählte. Solche Professoren waren vor allem im Ausland zu finden, deshalb prägten die Münchner für sie das Spottwort von den «Nordlichtern».

Gerade in den Berufungsverfahren übte Maximilian II. seine Rechte als souveräner Monarch wirklich aus. Zwar hatte die Universität das Recht, Anträge in Form einer Liste von geeigneten Personen zu stellen, doch ebenso durfte das Ministerium diese Liste durch eigene Gutachten überprüfen und sogar einen Vorschlag an den König richten, der die ursprüngliche Liste der Universität nicht aufnahm. Maximilian II., der wohl am liebsten Wissenschaftler geworden wäre, kam in solchen Fällen oft zu wirklich eigenen Entscheidungen, die weder den Vorschlägen der Universität noch denen seines Ministeriums folgten. Er wollte unbedingt die Universitäten seines Landes fördern und achtete deshalb sehr auf ihr Personal. Dabei stützte er sich allerdings auf ein von außen undurchschaubares Geflecht von Beratern und zog, unentschieden wie er war, für jeden Berater zwei Gegenberater mit anderen Perspektiven heran, ohne aber wirklich aus einem Überblick heraus Prioritäten setzen zu können. Kennzeichnend für seine Arbeitsweise war, dass er seine sich immer wieder ändernden Prioritäten von seinem Sekretär kontinuierlich in ein jeweils aktuelles System aktualisieren und daraus Übersichten über «zu Betreibendes» kondensieren ließ, die wieder tief mit römischen Zahlen und lateinischen Buchstaben untergliedert waren und dann wieder in Synopsen zusammengefasst wurden. Im Ergebnis sorgte Maximilian II. aber doch für einen beachtlichen Ausbau der wissenschaftlichen Infrastruktur der bayerischen Universitäten und legte damit den Grundstein dafür, dass nach der Reichsgründung auch München in die Gruppe der deutschen Spitzenuniversitäten aufsteigen konnte.

Österreich: Reformstau an den «Beamtenmanufakturen» und Revolution 1848

Der Reformstau an Österreichs Universitäten beruhte paradoxerweise auf der sehr frühen Reformtätigkeit von Kaiserin Maria Theresia und Kaiser Joseph II. in der zweiten Hälfte des 18. Jahrhunderts. Ging es zunächst nur darum, den jesuitisch-kirchlichen Einfluss auf das Bildungswesen zugunsten des Staates zurückzudrängen, so sah Joseph II. 1782 die Hauptaufgabe auch der akademischen Bildung allein in der Heranbildung treuer Beamter, denn «die wesentlichen Studien in Universitäten [dienen nur] für die Bildung der Staatsbeamten, [müssen aber nicht] der Erziehung Gelehrter gewidmet sein». Zur Senkung der Studentenzahlen wurden ziemlich hohe Studiengelder eingeführt und zugleich die Zahl der Universitäten in der österreichischen Monarchie auf nur noch sechs begrenzt: Löwen für die österreichischen Niederlande, Freiburg für Vorderösterreich, Prag für Böhmen, Wien für die österreichischen Länder, Tyrnau, dann Buda und schließlich Pest für Ungarn und Lemberg für Galizien und Lodomerien. Die auf die Ausbildung reduzierten Universitäten wurden organisatorisch durch ernannte Fakultätsdirektoren auf Linie gehalten. Gottfried van Swieten, seit 1781 an der Spitze der Studien- und Bücherzensur-Hofcommission Josephs II., wollte die Studierenden vor allem für die Zwecke des Staates nutzbar zu machen. In diese Richtung zielte das «Philosophicum», ein neues, dreijähriges, durchgängig lateinisches Vorstudium in sogenannter «Philosophie», das erst 1824 auf zwei Jahre reduziert und für die Landessprachen geöffnet wurde. Zu diesem Konglomerat mehr von Wissensbeständen als von Einsichten gehörten auch eine katholisch-dogmatische Religionsphilosophie, Mathematik, Weltgeschichte, Naturgeschichte und Kameralwissenschaft; moderne Sprachen aber fehlten ebenso wie künstlerische Fächer. Philosophie war dabei recht handwerklich als vernünftige Problemlösung aufgefasst; der Blick auf die Klassiker und erst recht auf aktuelle Diskussionen mit utopischem Horizont blieb völlig versperrt. Von den zentral genehmigten «Vorlesebüchern» durften die Professoren in den «Obligatkollegien» (Pflichtvorlesungen) auch nicht im Detail abweichen, sie durften auch nichts weglassen und erst recht nichts hinzufügen, denn sie waren «bloß das Sprachrohr des Staats an dessen sich bildende Bürger», das Sprachrohr dessen, der sie bezahlte. Lebendig und diskursiv war diese Art, Philosophie zu treiben, ganz bestimmt nicht, und das unterschied sie ganz grundsätzlich von der viel stärker die gesamte Universität und ihre Arbeit durchdringenden Auffassung von Philosophie in Deutschland. Auch unter Metternich gab es in der ersten Hälfte des 19. Jahrhunderts noch keine wirkliche Philosophische Fakultät. Die Universitäten waren vor allem ein Gemenge von Spezialhochschulen für künftige Staatsdiener. Die Studenten wurden durch fortwährende Semester- und Jahresprüfungen kontrolliert, durch Fleißnoten diszipliniert und das Studium im Ausland war ebenso verboten wie die Reise dorthin und selbst die Lektüre ausländischer Lexika. Umgekehrt waren in diesen «Beamtenmanufakturen» Studenten aus dem Ausland, besonders Deutschland, auch nicht erwünscht; sie hätten ja andere Ideen mitbringen können.

Österreich war das einzige Land in Mitteleuropa, in dem die Studenten in der Revolution von 1848 eine ausschlaggebende Rolle spielten. Sofort im März 1848 gingen sie in Wien und Prag für ihre Lernfreiheit auf die Straße, für das Ende von durchreglementierten, aber lebensfernen Studienplänen und von Zwangsprüfungen, und dann auch für die Lehrfreiheit der Professoren als Freiheit von Zensur und als Möglichkeit zum Zusammenbringen von Lehre und Forschung. Die eigentliche Universitätsreform folgte in der Reaktionsphase im September 1849 durch ein zunächst provisorisches, 1854 von Kaiser Franz Joseph endgültig sanktioniertes Gesetz des ersten Kultus- und Unterrichtsministers Leo Graf von Thun-Hohenstein über die Organisation der akademischen Behörden. Seine Grundlinien hatte der Prager Philosoph Franz Seraphin Exner zusammen mit dem preußischen Altphilologen Hermann Bonitz, der 1849 nach Wien berufen wurde, in Anlehnung an das Modell der preußischen Universitäten bestimmt. Das Philosophicum wurde endgültig in die Gymnasien verlegt, die nun mit einer dem Abitur entsprechenden Maturitätsprüfung abschlossen. Eine freiere, offenere Philosophische Fakultät stand nun gleichberechtigt neben den klassischen Fakultäten. Es gab eine gewisse Selbstverwaltung der Professoren; ihre Gehälter wurden angemessen geregelt und das Wettbewerbsinstrument der Kolleggelder eingeführt; Institute und Seminare wurden eingerichtet und auch Habilitation (wenige Jahre zuvor musste man zur Berufung als Professor noch nicht einmal den Doktorgrad erworben haben) und Privatdozententum übernommen. In der Folge begann sich die Berufungspolitik zu verändern; forscherische Innovativität und Qualität wurden wichtig, wenngleich konservativ-katholische Gesinnung es noch blieb. Für die angespannte Situation in der Hauptstadt Wien ist es bezeichnend, dass die Universität gleich nach 1848 bewusst aus der Innenstadt heraus verlegt wurde; erst 1884, nach dem Niederreißen der Stadtmauern, erhielt sie ihren jetzigen repräsentativen Ferstel-Bau.

Die Entwicklung des österreichischen Universitätssystems blieb aber noch recht lange wenig dynamisch. Die beiden 1782 zu Lyzeen herabgestuften ehemaligen Jesuitenuniversitäten in Innsbruck und in Graz wurden 1826 wieder errichtet. 1846 kam durch den Anschluss der bis dahin Freien Stadt Krakau an Österreich deren polnischsprachige Universität hinzu, die zweitälteste in Mitteleuropa nach Prag; wenig später aber wurde 1860 die 1827 erst wiedereröffnete Universität im mährischen Olmütz geschlossen. Nach dem österreichisch-ungarischen Ausgleich 1867 errichtete Ungarn im siebenbürgischen Klausenburg 1872 eine Universität rein ungarischer Sprache (nicht rumänischer und deutscher), und das halbautonome Kroatien folgte in Agram/Zagreb 1874 mit einer kroatischsprachigen Universität. 1875 kam es in der österreichischen Reichshälfte zu einer Neugründung in Czernowitz (heute Tschernowzi in der Westukraine), der Hauptstadt der Bukowina, des östlichsten Kronlands, 800 km östlich von Wien am Pruth. Trotz der national bestimmten Polonisierung der Universität Lemberg 1867 (mit der die Ruthenen/Ukrainer klar benachteiligt wurden) standen die Ukrainer und auch die Rumänen im Landtag hinter der Entscheidung für Deutsch als Lehrsprache der neuen Kaiser-Franz-Josephs-Universität. Deutsch war auch die Bildungssprache der zahlreichen jüdischen Bevölkerung der Stadt (fast ein Drittel) und des Landes. Czernowitz wurde so zu einem Begegnungsort nationaler wie religiöser Kulturen besonderer Art. Hier gab es für längere Zeit weltweit die einzige Fakultät für Griechisch-Orthodoxe Theologie, die damit nach Jahrhunderten der Abkapselung das erste Mal wenigstens mittelbar wieder in Kontakt mit westlichem Denken kam.

Schweizer Eidgenossenschaft: Universitäten und Technische Hochschule in einer anderen, republikanisch-demokratischen Welt

In der Eidgenossenschaft gab es im Grunde nur eine alte Universität, das 1460 im Humanismus gegründete Basel. In der Reformation zwinglianischer oder calvinistischer Prägung vermied man die Einholung päpstlicher Privilegien für neue Gründungen. Am Zürcher Großmünster wurde mit der «Prophezey» eine Art regelmäßige Ringvorlesung der Theologen eingeführt, aus der sich wie auch in Bern, Lausanne und Genf «Akademien» bildeten. Ein Gymnasium einschließend, boten sie neben einer Prediger- später auch eine juristische Beamtenausbildung an; freilich fehlte ihnen das Promotionsrecht. Zur ersten Neugründung einer Universität kam es erst im Jahre 1833 durch den Kanton Zürich. Politisch sollte sie an die seit dem nationalen, die Sprachgrenzen überbrückenden Schulplan von Philipp Albert Stapfer, Wissenschaftsminister der «Helvetischen Republik» von 1798, lebendige Idee einer «National-Universität» anknüpfen und dabei der bevorstehenden Konkurrenzgründung im Kanton Bern 1834 vorangehen. Die neue Zürcher Universität vereinte verschiedene bestehende Spezialhochschulen, vor allem die theologische Schule Zwinglis von 1525, der inzwischen auch geistes- und naturwissenschaftliche Kurse zugewachsen waren, mit dem medizinisch-chirurgischen Institut vom Ende des 18. Jahrhunderts und dem nach Berner Vorbild 1807 eingerichteten «Politischen Institut», in dem auf hohe Verwaltungstätigkeiten vorbereitet wurde. Zürich wie Bern nahmen bewusst die Forschungsorientierung der Wissenschaft nach deutschem Vorbild auf, mit Promotion, Privatdozentur und akademischer Freiheit. Die Professoren mussten nicht mehr aus dem engen Umfeld des Kantons stammen, sondern viele von ihnen kamen aus Deutschland, wo sie wegen der politischen Reaktion nach der revolutionären Bewegung von 1830 leicht zu gewinnen waren. Erster Rektor der Zürcher Universität wurde der Naturphilosoph Lorenz Oken, der als radikaler Demokrat Deutschland verlassen musste und in der Schweiz die Habilitation des in Hessen und dann in ganz Deutschland polizeilich gesuchten politischen Aufrührers Georg Büchner betreute – in der Folge verboten die deutschen Regierungen ihren Studenten, in Zürich zu studieren.

Durch die beiden kantonalen Gründungen in Zürich und Bern blieb die Frage einer Nationaluniversität ungelöst. Nach den konfessionellen Auseinandersetzungen des Sonderbundkriegs 1847 gab die Bundesverfassung der Schweiz 1848 ausdrücklich der zum Bundesstaat gestärkten Eidgenossenschaft das Recht, Hochschulen zu gründen. In der Folge verlagerte sich diese Idee weg von der im Parlament 1854 abgelehnten Universität hin zu der einer polytechnischen Schule. Sie würde nicht in Konkurrenz zu den bestehenden – kantonalen – Universitäten treten und in ihr würde es auch nicht notwendig werden, zwei theologische Fakultäten, eine katholische und eine reformierte, nebeneinander einzurichten, was nach dem konfessionell bestimmten Bürgerkrieg schwer denkbar war. Dafür entsprach eine technische Ausrichtung besonders der Bedeutung von anstehenden Infrastrukturprojekten wie Eisenbahn-, Straßen- und Wasserbau und Lawinenschutz im alpinen Durchgangsland der Schweiz. 1855 wurde in Zürich die «Eidgenössische Polytechnische Schule» eröffnet, deren Name mehr als ihre Konzeption auf die Pariser «École Polytechnique» verweist. An den ursprünglich tragenden Gedanken einer umfassenden Universität erinnerte noch bis zu ihrer Auflösung am Ende des 20. Jahrhunderts die allgemeinbildende «politisch-geisteswissenschaftliche» Fakultät. Jacob Burckhardt lehrte hier Kunstgeschichte und schrieb seinen für Generationen von bildungsorientierten Italienreisenden maßgeblichen «Cicerone». Mit dieser Gründung wurde die relativ liberale und demokratische Schweiz erneut zum Exil für politisch verfolgte Professoren aus ganz Europa. Auf die 40 geplanten Lehrstühle gingen fast 200 Bewerbungen ein, davon die Hälfte aus Deutschland. Der Ästhetiker und Literaturwissenschaftler Friedrich Theodor Vischer, der als radikaldemokratischer Abgeordneter der Paulskirche 1848 fortwährend bespitzelt wurde, ging ebenso nach Zürich wie der Architekt Gottfried Semper. Er hatte in Dresden erst das Hoftheater (die erste 1869 abgebrannte Semperoper) und dann im Mai 1849 beim Kampf um die Reichsverfassung Straßenbarrikaden errichtet und wurde aus dem Londoner Exil nach Zürich berufen; er entwarf das Hauptgebäude der Schule in beherrschender Lage. Ästhetik und italienische Literatur lehrte seit 1855 Francesco de Sanctis. Als Hegelianer und Mazzini-Anhänger hatte er im Revolutionsjahr 1848 auf den Barrikaden Neapels gegen die absolutistische Bourbonenherrschaft im Königreich beider Sizilien gekämpft, wurde auf der Flucht ergriffen und übersetzte in dreijähriger Haft Hegel. Vom Schiff, das ihn danach in die USA bringen sollte, konnte er fliehen und kam über Turin ins Zürcher Exil: «Man braucht viel Lebenswillen an einem solchen Ort. Ich habe mein Zimmer eine Woche nicht verlassen, außer um zur Arbeit zu gehen. Draußen sind Schnee und Regen und Einsamkeit.» 1860 kehrte er ins revolutionäre Neapel zurück, reorganisierte dort als verantwortlicher Politiker durch eine kluge Berufungspolitik die Universität, bevor er ab 1861 als erster Unterrichtsminister des neuen Italien besonders das technische Schulwesen förderte.

Die eher nach Frankreich orientierten Akademien in der Romandie wurden erst deutlich später zu Universitäten ausgebaut, Genf 1873, Lausanne 1890 und Neuchâtel 1909. Der zweisprachige Kanton Fribourg/Freiburg errichtete 1889 eine zwar ausdrücklich für die katholischen Schweizer und ihren Nachwuchs an Theologen gedachte (und deshalb zweisprachige), aber doch staatlich organisierte Universität. Ihre Fakultäten pflegen durchgängig das deutsche Verfahren der Habilitation, die deshalb hier – und nur hier – bis heute auch in französischer Sprache erfolgen kann. Wenig später entstand als städtische Handelsakademie und zugleich Verkehrsschule für den Nachwuchs der Bundesbahn 1898 die Hochschule St. Gallen, die seit den 30er Jahren mit Rektoratsverfassung, Habilitationsrecht und Promotionsrecht Universitätsrang hat und 1995 Universität wurde. Der aus dem nationalsozialistischen München vertriebene Staatsrechtler Hans Nawiasky, Schöpfer der bayerischen Verfassung von 1946, gründete hier 1938 als erstes Institut der Hochschule das für «Schweizerische Verwaltungskurse», das damit eine wichtige das Land integrierende Funktion wahrnahm.

Neues Netzwerk deutschsprachiger Universitäten

Das mittelalterliche europäische Netzwerk der Universitäten zerbrach durch die Konfessionalisierung in der frühen Neuzeit und durch den Abschied vom Latein als aktiv beherrschter Wissenschaftssprache um die Wende zum 19. Jahrhundert. Nach der Neuordnung der Territorialverhältnisse 1815 trat an seine Stelle durch die «Karlsbader Beschlüsse» des Deutschen Bundes von 1819 erst einmal das polizeistaatliche Überwachungsnetzwerk der neuen Universitätskuratoren, das in der in der Bundesfestung Mainz eingerichteten «Central-Untersuchungs-Commission» gipfelte. Damit sollte die nationale, demokratische und damit die einzelstaatlichen Monarchien doppelt gefährdende Ur-Burschenschaft diszipliniert werden.

Weil sich in Deutschland, ausgehend von Berlin und Preußen, als Qualifikation zusätzlich zur Promotion auch die Habilitation und die Privatdozentur durchsetzten, entstand im Laufe des 19. Jahrhunderts ein neues, kleineres Netzwerk, das auf der deutschen Sprache als Lehrsprache und auf der Übernahme der preußisch-deutschen Institutionen beruhte und eine entsprechende Mobilität ermöglichte. Zu diesem Netzwerk gehörten natürlich die Universitäten Preußens und der anderen deutschen Länder, aber auch die deutschsprachigen Universitäten in der Schweiz (einschließlich Fribourg/Freiburg) und in Österreich, nach dem Ausgleich mit Ungarn ab 1867 begrenzt auf die österreichische Reichshälfte. Schließlich genoss im zaristischen Russland der im Baltikum bis zur Russifizierungswelle am Ende des 19. Jahrhunderts vorherrschende deutsch-lutherische Adel sprachlich-religiöse Sonderrechte, die den deutschsprachigen Status der Universität Dorpat (heute Tartu in Estland) sicherten.

In diesem Netzwerk gab es an den Universitäten von Bern bis Dorpat und von Kiel bis nach Czernowitz ein breites Reservoir von grundsätzlich überallhin berufbaren Privatdozenten und Professoren. Der erste Ruf führte einen jungen Gelehrten gewöhnlich zu einer kleineren, oft auch abgelegeneren Universität, und von dort arbeitete man sich an die reputationsstarken großen Universitäten vor. So waren beispielsweise fast alle Vertreter der historischen Schule der deutschen Nationalökonomie für kürzere Zeit im russischen Dorpat, haben dort weitere Bücher geschrieben und sind dann wieder «zurück»berufen worden. Für Alexander von Humboldt öffnete nach seiner Lateinamerika-Reise der rege Briefwechsel und Tausch von Gesteinsproben mit Dorpat ab 1799 den Weg zu seiner zweiten großen vergleichenden Forschungsreise von 1829, bei der er intensiv den sibirisch-asiatischen Kontinent bis in das Altai-Gebirge und an die chinesische Grenze erforschte. In einem weiteren Sinne strahlte die deutsche Universitätsidee bis nach China aus, durfte aber wegen des Monopols der Kaiserlichen Universität in Peking nicht förmlich zur Gründung einer Universität führen. In der deutschen Kolonie Kiautschou gab es im heutigen Qingdao (Tsingtau) von 1909 bis 1914 eine mit chinesischen Behörden abgestimmte «Höhere Lehranstalt für Spezialwissenschaften mit besonderem Charakter» für Chinesen mit strenger Schulzucht, aber breitem Fächerspektrum. Ausgedehntere Wirkung entfaltete die Tongji-Universität im multinationalen Shanghai, die 1911 aus der Verbindung einer deutschen Medizinschule (seit 1907) mit einer entsprechenden Ingenieurschule

9. Universitätsreform nach 1800 III: Weiterentwicklungen zwischen Nützlichkeitsansprüchen von außen und Selbsterziehung von innen

Langsamer Aufstieg der Technischen Hochschulen: keine Universitäten, aber wie Universitäten

Trotz aller Strahlkraft der reformierten, auf Philosophie gegründeten deutschen Universität suchte man im deutschen Sprachraum für die Lehre der vielen polytechnischen Fächer, deren Beherrschung breiten Nutzen versprach, auf anderen Wegen als denen Humboldts. Die Pariser «École Polytechnique» war nicht mehr unbedingt ein Vorbild, seitdem Napoleon sie 1804 militärisch organisiert (bis heute wird sie von einem General kommandiert) und auf den staatlichen Bedarf an hohen Offizieren und Beamten ausgerichtet hatte. In Prag gründete Franz Joseph Gerstner 1806 eine «Technische Lehranstalt», die bis 1815 in die Universität integriert war. Sie fand ihr Publikum weniger in Heer und Verwaltung, sondern eher im Nachwuchs für die Leitung der Landgüter und Manufakturen des böhmischen Adels, der sie finanzierte. Auch das 1815 in Wien durch Johann Joseph Prechtl eingerichtete «Polytechnische Institut» zog beide Gruppen an, «Staatstechniker» wie «Zivilingenieure». In den Anfangsjahren war in diesem Feld die Nachfrage nach wirklich akademischem Unterricht wegen der in Mitteleuropa gerade erst einsetzenden Industrialisierung noch sehr begrenzt. Im gewerbereichen Nürnberg besuchten 1823 in einer alle Niveaus verbindenden ersten bayerischen «Polytechnischen Schule» über 250 junge Leute den Zeichenunterricht und immerhin noch 150 den Bauunterricht, aber nur weniger als zehn beschäftigten sich auch mit der Darstellenden Geometrie nach Monge – der Bedarf lag eben noch deutlich mehr beim handwerksnahen Erfahrungslernen als bei theoretisch-mathematischer Reflexion der Praxis.

Bayern wurde 1833 das erste Land, das grundsätzlich ein auf allen Ebenen eigenständiges technisches Schul- und Hochschulwesen einführte und es neben das alte Bildungssystem stellte. Seit 1833 gab es im Prinzip zwei vollständig parallele staatliche Schulsysteme. Nach der Elementarschule entsprachen den über 20 vom Latein (mit deutlich über 50% der Schulstunden) bestimmten traditionellen Gymnasien drei mathematik-basierte Gymnasien als «Polytechnische Schulen» in München, Nürnberg und Augsburg. Den drei Landesuniversitäten entsprachen in dem neuen, technischen System zwei «technische Hochschulen», die innerhalb der Münchener und Würzburger Staatswirtschaftlichen Fakultäten eingerichtet wurden (ein ähnliches Integrationsmodell gab es 1836 in Belgien innerhalb der Universitäten Gent und Lüttich und später noch in Lausanne). In Bayern gab es somit nebeneinander die Idee von Bildung durch Philosophie und Philologie und die Systematisierung von Anwendungswissen in der Sprache der Mathematik; Humboldt und Monge standen für zwei ähnliche Wege, die aber noch lange nicht gleich waren in Nachfrage und Ansehen. Die wenigen «technischen Zöglinge» der beiden kurzlebigen bayerischen «technischen Hochschulen» von 1833 waren gerade nicht Studenten der Universität. Sie durften sich nicht einer akademischen Freiheit erfreuen, sondern wurden durch Belehrungen, Studienpläne und Prüfungen strikt gebunden. In der Realität überwog weiter das neuhumanistische Denken, für das die klassisch-lateinische Tradition zentral war. Als jedoch 20 Jahre später die universitätsgleiche Polytechnische Schule in Zürich eröffnet wurde, sank in München die Frequenz dauerhaft deutlich unter 100 ab. In der Zwischenzeit hatten sich die Ansprüche des Arbeitsmarkts weiter entwickelt, dem nunmehr die freiere, breitere Entfaltung der technischen Fächer in der Schweiz entsprach.

Das Zürcher Modell und Petitionen der bayerischen Polytechniker für Studierfreiheit, die 1865 der Verein Deutscher Ingenieure um die Forderung nach einer Hochschulverfassung erweiterte, mündeten in entsprechende Statuten einer grundlegend reformierten und schon stark der Universität angenäherten «Polytechnischen Schule» neuer Art in München im Jahre

1868. Ihre Kennzeichen waren eine differenzierte Fächerstruktur innerhalb der fünf fakultätsartigen Abteilungen, ein Ort für Forschung in den Laboratorien, verbunden mit dem Recht zur Habilitation (aber noch länger nicht zur Promotion!), die Gleichstellung des Studiums der Mathematik und der Naturwissenschaften mit dem an den Universitäten und schließlich wie in Zürich eine bildungsorientierte «allgemeine Abteilung», die gerade in München den Blick auch auf Geisteswissenschaften und Kunst erweiterte. Für den Erfolg der Neukonzeption sprach, dass in den naturwissenschaftlichen Fächern die Habilitation an der entstehenden Technischen Hochschule zur Berufung an Universitäten führen konnte und umgekehrt. Die Universitätsnähe der Münchener Schule führte 1877 dazu, dass sie als eine der ersten ihrer Art den Namen «Technische Hochschule» erhielt, nach Graz in der Steiermark 1865, Karlsruhe (das schon 1865 als «technische Hochschule» eingeordnet wurde, aber noch bis 1885 den älteren Namen «Polytechnische Schule» führte) und Wien 1872. 1877 erhielten auch Darmstadt und Braunschweig den neuen Namen, 1879 folgten (Berlin-) Charlottenburg, Hannover und Aachen und 1890 Dresden und Stuttgart. Danzig 1904 und Breslau 1910 wurden gleich unter dieser neuen Bezeichnung gegründet, denn da hatten die Technischen Hochschulen bereits ihre volle Gleichstellung mit den alten Universitäten erreicht. Der technikaffine Kaiser Wilhelm II. verlieh zur Hundertjahrfeier in Charlottenburg 1899 allen Technischen Hochschulen in Preußen das Promotionsrecht und als Grundlage dafür das Recht zur Diplomierung (zum «Dipl.-Ing.»). Der Verleihung des Promotionsrechts war ein tiefer Streit mit den Universitäten vorausgegangen, die am Ende durchsetzten, dass der neue Doktorgrad in Formen verliehen werden musste, die diskriminierend wirken sollten: als «Dr.-Ing.» mit Bindestrich und als «Dr.-Ing. E. h.» (Ehren halber) statt des an den Universitäten üblichen lateinischen «Dr. h. c.» (honoris causa). Österreich folgte für seine Technischen Hochschulen (inzwischen auch eine mit polnischer Lehrsprache in Lemberg und eine mit tschechischer in Brünn) 1901 in der Sache und war dabei in der Form viel pragmatischer mit dem «Dr. techn.».

1902 erhielten dann auch überall in Deutschland die Technischen Hochschulen die volle akademische Selbstverwaltung mit einer Rektoratsverfassung. Das Habilitationsrecht hatten Prag und Wien dagegen schon sehr früh bei den Thun-Hohensteinschen Reformen von 1849 erhalten, während gerade Zürich damit erst 1908 nachzog und auch erst 1911 in «Eidgenössische Technische Hochschule (ETH)» umbenannt wurde. 1969 übernahm die Eidgenossenschaft zusätzlich die «École Polytechnique Fédérale de Lausanne (EPFL)». Sie war 1853 als private Gründung entstanden und seit 1869 als Fakultät in die Akademie und dann Universität der Stadt integriert gewesen. In Athen hatten die bayerischen Beamten des Königs Otto von Griechenland, des jüngeren Sohns von König Ludwig I., 1836/37 eine sonntägliche Handwerkerschule geschaffen, aus der ähnlich wie in Bayern auch erst mit der Zeit das deutlich anspruchsvollere, seit 1862 so genannte «Polytechneion» erwuchs. In Budapest schließlich hatte Kaiser Joseph II. 1782 mit dem «Institutum Geometrico-Hydrotechnicum» eine frühe technische Lehranstalt für Landvermessung, Tiefbau und Wasserbau eingerichtet, an der die Professoren 1856 die Lehrfreiheit erhielten, aber erst 1860 das im vielsprachigen Ungarn länger als anderswo übliche Lateinische als Lehrsprache abschüttelten. Sie führte bereits 1871 die Bezeichnung einer «Technischen Universität» und war damit wohl die erste überhaupt.

Pragmatische Sonderwege auf den Britischen Inseln

Wie in seiner Rechtsordnung, so ist auch bei den Universitäten das Vereinigte Königreich in seine beiden immer noch unterschiedlichen Teile gespalten, den englischen und den schottischen. Das englische Universitätswesen blieb bis ins 19. Jahrhundert auf die beiden klassischen College-Universitäten Oxford und Cambridge begrenzt, die ursprünglich aus einer Reihe unabhängiger Colleges mit jeweils eigenem Lehrbetrieb bestanden, mit dem Außenposten Trinity College im irischen Dublin, das als ein College für sich zugleich Universität war. Mit der Zeit wuchs der übergeordneten Universität neben dem Recht zur Prüfung und zur Verleihung der akademischen Grade auch ein gewichtiger Anteil an Lehre und Studium (durch Fakultätsbibliotheken z.B.) zu. Wie für alle Inhaber von öffentlichen Ämtern galt seit den «Test Acts» von 1673 und 1678 auch für die Mitglieder der englischen Universitäten, Lehrende wie Studierende, dass sie sich auf die Bekenntnisschrift der 39 Artikel verpflichten, einen antikatholischen Eid ablegen und ihn durch die Kommunion in den Formen der anglikanischen Staatskirche bekräftigen mussten. Was vordergründig gegen Katholiken gerichtet war, schloss im Ergebnis alle aus, die andere religiöse Ansichten hatten.

Dagegen beeindruckte die relative Offenheit in religiösen Fragen den Schotten Thomas Campbell, als er 1825 die neue preußische Universität in Bonn in der konfessionell gemischten preußischen Rheinprovinz besuchte, wo seit 1819 gleichzeitig eine katholische und eine lutherische Theologische Fakultät innerhalb derselben Universität bestanden. Deshalb setzte er sich für die Gründung einer entschieden säkularen Universität in London ab 1826 ein. Die Idee einer offenen «University of London» fand breite öffentliche Anhängerschaft bei Katholiken und Juden, Baptisten, Kongregationalisten und anderen «Dissenters», aber auch bei Gegnern der Sklaverei und Vertretern der utilitaristischen Philosophie, allen voran Jeremy Bentham (der später testamentarisch bestimmte, dass hier sein Körper einbalsamiert auszustellen sei). Im Parlament aber wehrten sich die Anglikaner und die beiden alten Universitäten erbittert. Eine schnelle Gegengründung der Konservativen und Anglikaner, «King's College», wurde schon 1831 genehmigt. Erst nach der Bildung einer beiden Einrichtungen übergeordneten Föderation 1836 mit dem Namen «University of London» zur Verleihung akademischer Grade (und allein dazu) wurde neben «King's College» auch, mit verändertem Namen, «University College» anerkannt: Seitdem gibt es eine Debatte, welches denn nun die drittälteste Universität Englands sei. Ähnliche lose Föderationen bildeten später die inzwischen aufgelöste «Victoria University» in Mittelengland und die heute noch lebendige «University of Wales». Die «University of London» wurde sogar das Modell für die Gründung der drei ersten Universitäten Indiens in Calcutta, Bombay und Madras 1857. Fast gleichzeitig mit der Gründung von «King's College» erlaubte das Parlament im Zusammenhang mit dem Ende der bisherigen fürstbischöflichen Stellung des anglikanischen Bischofs von Durham, in dieser Stadt im Norden Englands eine Universität zu errichten, die 1837 anerkannt wurde. In London und in Nordengland war schon viel von den neuen Ideen vorweggenommen, die am Ende des 19. Jahrhunderts die Besonderheit der «Civic Universities» ausmachten: sie waren Universitäten in den aufstrebenden großen Städten, aus ihnen heraus erwachsen, von ihren Bürgern getragen, der Welt und ihren Beschäftigungen zugewandt und nicht zuletzt religiös tolerant. Anders als im klassisch-philologisch orientierten Oxford oder im stärker mathematisch geprägten Cambridge war das, was an diesen neuen Universitäten gelehrt wurde, wirklich anwendungstauglich. Vielfach waren sie aus älteren medizinischen (Leeds, Birmingham) oder sogar aus technischen Schulen (dem «Mechanics' Institute» in Manchester) entstanden. Mit ihrer Backsteinarchitektur ähnelten sie einander äußerlich in verblüffendem Maße, weshalb sie auch «Red Brick Universities» heißen. «Plate Glass Universities» heißen dagegen die vom Flachglas bestimmten Neugründungen der jüngsten Zeit seit den 70er Jahren des vergangenen Jahrhunderts. Im Geiste des reformorientierten Sozialismus der «Fabian Society» entstand 1895 als ein weiteres College innerhalb der Föderation der «University of London» die «London School of Economics (LSE)», die 1900 förmlich anerkannt wurde und seitdem ihre wirtschaftswissenschaftliche Fakultät bildet. Wenig später entstand 1907 aus verschiedenen medizinischen, naturwissenschaftlichen, technischen und bergwissenschaftlichen Einrichtungen das «Imperial College of Science and Technology», das sich 2007 aus der Föderation der «University of London» löste und selbstständige Universität wurde.

In Schottland entwickelte sich das System akademischer Ausbildung in anderen Formen, aber mit ähnlichen Ergebnissen. Nur die älteste Universität, St. Andrews (1413), bestand wie Oxford und Cambridge aus verschiedenen Colleges. In Glasgow (1451), Aberdeen (1495) und Edinburgh (1582) dagegen fand die Lehre nur im Rahmen der Universität statt. Die schottische Reformation durch John Knox, einen Schüler Calvins, verbreiterte den Zugang zur Schulbildung in Schottland (weit mehr als in England) und öffnete die schottischen Universitäten zu den klassischen Sprachen und auch schon zu den Naturwissenschaften. Das bereitete die stark empirische «schottische Aufklärung» vor und ihren Utilitarismus. Die Welt der Wirtschaft durchdachte Adam Smith, lange Jahre Professor für «Moral Philosophy» in Glasgow, 1776 in seinem Klassiker «The Wealth of Nations».

In England wie in Schottland gab es kein «entweder – oder» zwischen reiner Wissenschaft und Anwendungsorientierung. Die Frage der Einrichtung und des Status von Technischen Hochschulen stellte sich deshalb auch nicht in derselben Form wie auf dem Kontinent. Die Bedeutung des Handwerkerwissens wirkte auf der Insel noch lange sehr stark. James Watt hat die Dampfmaschine als Universitätsmechaniker in Glasgow verbessert, als er damit beauftragt wurde, das Modell einer älteren Maschine instand zu setzen. Die Länder auf dem europäischen Kontinent versuchten als Spätkommer, den britischen Vorsprung in der Industrialisierung durch verstärkte staatliche Intervention aufzuholen, wozu eben auch der Aufbau eines eigenen technischen Bildungssystems gehörte. In Großbritannien dagegen fügten sich technische Fächer im 19. Jahrhundert leichter in den Rahmen von Universität, wie die Entstehung der «Red Brick Universities» zeigte. Ihrem Vorbild folgten um die Jahrhundertwende zuerst Cambridge («Applied Mechanics») und später auch Oxford («Engineering Science»), ohne dabei einen Prinzipienkampf über das Wesen von Universität und Bildung zu führen. Technischen Universitäten am ähnlichsten sind das seit 2007 selbstständige «Imperial College» in London und in Schottland die 1964 anerkannte «Strathclyde University» in Glasgow, die aus einer schon 1796 von dem Philosophen John Anderson eingerichteten Schule für nützliches Lernen hervorging.

Forschungsorientierung an den Spitzenuniversitäten der USA: deutsche Wurzeln des «Ph. D.»

Noch bis ans Ende des 19. Jahrhunderts erwarteten die meisten amerikanischen Universitäten von ihren künftigen Studenten solide Vorkenntnisse in den ganz traditionellen Fächern Latein und Mathematik, woran viele scheiterten. Ganz in englischer Tradition folgte dann die Beschäftigung mit den klassischen «liberal arts», und als akademische Grade wurden B.A. und M.A. vergeben. Das waren keine forscherisch herausragenden Spitzenuniversitäten, die Ausbildung entsprach aber auch nicht den wirklichen Bedürfnissen dieses sich rapide modernisierenden und industrialisierenden Landes. Als erste Universitäten zogen Yale 1861 und Harvard 1872 die Konsequenz aus den Entwicklungen jenseits des Atlantiks. Sie schufen den bis dahin unbekannten Grad des «Ph. D.» («philosophiae doctor»). Damit wurde der junge deutsche Forschungsdoktor mit selbstständig angelegter und durchgeführter und durch den Druckzwang öffentlich zu machender Dissertation in die USA importiert und um 1900 nach Canada weitergegeben. Die amerikanische Bezeichnung des Titels wurde geprägt, noch bevor sich in Deutschland die Philosophische Fakultät in stärker spezialisierte Teilfakultäten mit anderen Doktorgraden auflöste und der Dr. phil. zum heute üblichen Doktorgrad allein der Geistes- und Kulturwissenschaften wurde. Der Ph. D. dagegen wird bis heute in allen Disziplinen für umfangreiche Forschungsarbeiten vergeben, inzwischen als Übernahme aus den USA auch in Frankreich. Harvard College war unter seinem seit 1869 für vierzig Jahre amtierenden Präsidenten Charles W. Eliot noch grundlegender in seinen Reformen. Vor seiner Wahl war er zwei Jahre durch Europa gereist und hatte aus Deutschland die Überzeugung mitgenommen, dass das Individuum Gelegenheit haben müsse, sich möglichst frei zu entwickeln, und genau dies dem Bedürfnis des Staates entspräche, der dringend auf die Unterschiedlichkeit der Menschen angewiesen sei und nicht etwa ihre Uniformität. Schon den Studierenden für den B.A. und den M.A. räumte Eliot 1872 eine weitgehende Wahl ihrer akademischen Lehrer in Harvard ein, und in vollem Umfang galt dieses «elective system» dann für die, die sich auf den Ph. D. vorbereiteten. Parallel kondensierte er die Studienvorschriften von vierzig Seiten auf fünf; auch dies ein Zeichen für die Gewährung von Freiheitsräumen.

Auf die praktischen Nöte des Landes ging etwa zur selben Zeit ein nach Senator Justin S. Morrill benanntes Gesetz aus dem Bürgerkriegsjahr 1862 ein. Der «Morrill Land Grant Act» hatte zum Ziel, dass jeder amerikanische Bundesstaat mindestens eine aus öffentlichen Mitteln finanzierte Universität erhalten solle, die für alle zugänglich sein und praktische Fächer lehren sollte. Die Idee dazu hatte Jonathan B. Turner, ein klassisch gebildeter Literaturprofessor in Illinois entwickelt. Mit der Zeit wurde ihm klar, dass das Land eine «industrial education» brauchte, die an die Situation der arbeitenden Bevölkerung anknüpft und damit mittelbar die Wirtschaft förderte. Zwar wollte er die klassischen und (natur-)wissenschaftlichen Studien nicht völlig verdrängen, sah aber doch den Schwerpunkt bei der wissenschaftlichen Lehre der Landwirtschaft (als «foundation of all present and future prosperity») und bei den Ingenieurwissenschaften. Die Mittel für dieses Vorhaben stellte indirekt der Bund zur Verfügung, indem er den Bundesstaaten Land (entsprechend der Wählerschaft gestaffelt für jeden Abgeordneten 120 qkm) aus seinem Besitz abgab, damit diese es verkauften und aus den Einnahmen die sogenannten «land grant universities» aufbauten.

Der Staat New York konzentrierte seine Mittel aus diesem Programm auf die Cornell University in Ithaca. Erster Präsident war Andrew D. White, der sich gegen seine Eltern ein Studium in Yale erkämpft hatte und danach zusammen mit seinem Studienfreund Daniel C. Gilman in Paris und Berlin studierte. Als Abgeordneter im Parlament des Staates New York arbeitete er mit Ezra Cornell zusammen, der für die 1868 eröffnete Universität zusätzlich hohe eigene Mittel stiftete. Das Konzept von White war ungewöhnlich; denn er ging früher weiter als Harvard und sah von Anfang an für alle Studierenden das «elective system», die volle akademische Freiheit nach deutschem Vorbild vor. Im Rückblick wurde Cornell deshalb zur ersten wirklich Universität der USA erklärt; Harvard College zog ja erst vier Jahre später nach. Gilman seinerseits, der Freund von White, wurde 1876 Gründungspräsident der Johns Hopkins University in Baltimore, der er die doppelte Aufgabe zuwies, die Forschung zu ermutigen und zugleich das Fortschreiten der einzelnen Wissenschaftler. Das «Massachusetts Institute of Technology» (MIT) in Boston, nahe Harvard, war 1861 als «polytechnical school» ebenfalls in der Linie der deutschen Forschungsuniversität gegründet worden, etwa gleichzeitig mit dem Ausbau der entsprechenden deutschen Schulen zu Technischen Hochschulen. In Boston wie in Deutschland ging es nicht mehr um die Praxis der Werkstatt, sondern um die Suche nach wissenschaftlichen Erklärungen für sie und um stetes methodisches Vorgehen dabei. Das Motto des MIT aus dieser Zeit lautet «Mens et Manus» (Hirn und Hand). Auch hier sollten, institutionell gesehen, die Lehrenden unabhängig sein und durch Seminare in ihren Laboratorien forschend vorangehen.

Weit über das deutsche Vorbild hinausgehend, ließ Cornell University bereits seit 1870 Frauen zum Studium zu, und andere Universitäten folgten rasch. Schwieriger war in den USA die Integration von Schwarzen in die Welt der Wissenschaft. Lange Zeit stand das von Quäkern in Pennsylvania 1837 gegründete «African Institute» (heute: «Cheyney University of Pennsylvania») alleine. Nach dem Bürgerkrieg entwickelte sich aus einer Lehrerbildungsanstalt (die in den USA und Canada wie in Frankreich «Normal School» hießen) für Schwarze 1881 die «Tuskegee University» in Alabama, eine weitere der «historically black universities». Der «Morrill Act» wurde 1890 durch ein zweites Gesetz ergänzt, das mit Geld statt Land weitere «land grant universities» ausschließlich für Schwarze in jedem Bundesstaat ermöglichte, der keine gemischten eingerichtet hatte. Ähnlich wurden mit Bundeshilfe noch Universitäten für weitere Minderheiten («minority-serving institutions» für «Hispanics», «Asian Americans», «American Indians» u.a.) geschaffen. Schließlich diente das Modell wissenschaftspolitisch zur Schaffung von Universitäten mit vorgegebenen aktuellen Forschungsschwerpunkten (1985 «urban grant», 1988 «space grant» und 2003 «sun grant universities»).

Deutsche und amerikanische Professoren kamen in unmittelbaren Kontakt miteinander bei einem wissenschaftlichen Kongress anlässlich der Weltausstellung in St. Louis 1904. Zu der vierzigköpfigen deutschen Delegation gehörten u. a. Adolf von Harnack, Werner Sombart und Max Weber. Damals wurde ein regelmäßiger Austausch von Professoren verabredet zwischen Berlin, das «Theodore-Roosevelt-Professoren» aufnahm, und Harvard und Columbia University, wo deutsche «Kaiser-Wilhelm-Professoren» lehrten. Der im Hintergrund fördernd wirkende preußische Wissenschaftspolitiker Althoff erhielt zwei Jahre später 1906 die Ehrendoktorwürde von Harvard, nicht als erster Deutscher, denn schon vor der Weltausstellung hatte die junge Chicago University im März 1904 gleich fünf deutschen Professoren die Ehrendoktorwürde verliehen und private Mittel für den ersten deutschen Gastprofessor in den USA eingeworben, den Historiker Hermann Oncken. Er sah den größten Gewinn für sich in seinem – sehr von Humboldt geprägten – Bemühen um «unaufhörliche Selbsterziehung und Selbstcontrolle», um seinen amerikanischen, in ganz anderen Gedankenwelten lebenden Hörern gerecht zu werden. Chicago wurde für ihn ein «geistige[r] Luftkurort jenseits des Ozeans». Eine Generation – und einen verheerenden Weltkrieg – später verglich 1930 der amerikanische Bildungsreformer Abraham Flexner, der vor dem Krieg in Johns Hopkins, Harvard und Berlin studiert hatte, systematisch die Universitätssysteme der USA, Englands und Deutschlands. Noch im selben Jahr konzipierte er in Princeton in der Nähe der Universität, aber völlig getrennt von ihr das «Institute for Advanced Study» und gründete es mit privaten Stiftungsgeldern. Es ging ihm dabei darum, die Lebensform geselliger Kontemplation der englischen College-Universität mit der forscherischen Konzentration auf die kritische Haltung der Wissenschaftlichkeit (unabhängig von der jeweils fachlichen Ausprägung) der deutschen Universität zu verbinden und so Freiräume für Forschung zu schaffen.

In den USA wurde am Ende des 19. Jahrhunderts somit das

englische Modell des Grundstudiums (B.A. und M.A.) mit wesentlichen Elementen der neuen deutschen Forschungsuniversität verbunden. Die Lehr- und Lernfreiheit sollten dem Ziel dienen, die Potentiale des studierenden Individuums im Interesse aller möglichst weit zu fördern. Dabei wurden aber deutsche Institutionen nicht einfach kopiert, denn die Privatdozentur wurde in den USA ebenso wenig eingeführt wie der beamtete und staatlich besoldete Professor. Die Universitäten der USA waren in Leistung und Ansehen sehr viel unterschiedlicher als die mitteleuropäischen, und gerade in der Spitzengruppe gab es viel Austausch mit Europa und institutionelle Neu-Arrangements.

Allmähliche Teilhabe von Frauen an Studium und Lehre: ein langer Weg

Frauen erscheinen aus der bisher dargestellten Geschichte der europäischen Universität geradezu «selbstverständlich» ausgeschlossen. Die normale schulische Vorbildung der Männer in Lateinschule und Gymnasium war ihnen weitestgehend versagt, und rechtlich waren sie in weiten Teilen Europas bis weit ins 20. Jahrhundert nur höchst eingeschränkt für sich selbst handlungsfähig. Auch an anderen genossenschaftlich verfassten Verbänden wie etwa den Zünften konnten Frauen in Mittelalter und Früher Neuzeit nicht wirklich frei und gleich teilhaben, höchstens als Witwe und Erbin eines Meisters und auch dann nur auf Zeit. Einzelne Ausnahmen gelehrter Frauen gab es schon im Mittelalter, wie etwa Hildegard von Bingen oder Herrad von Landsberg, die mit dem «Hortus Deliciarum» eine ganze Enzyklopädie des mittelalterlichen Wissens verfasst hat. Diese Arbeiten entsprangen aber weniger der Universität als vielmehr dem Klosterleben. Auch das Anliegen Martin Luthers, jedermann (und das hieß eben auch: jede Frau) zum verständigen Lesen der Heiligen Schrift zu befähigen, führte zwar zur vermehrten Gründung von Schulen auch für Mädchen, aber noch nicht zum freien Zugang von Frauen zur Universität; auch das «Gynaeceum» in Halle leistete genau das noch nicht. Die erste deutsche Doktorin, Dorothea Erxleben aus Quedlinburg, blieb für lange Zeit noch eine Ausnahme. Ihr Vater, ein Arzt, unterrichtete sie mit ihren Brüdern privat und führte sie dabei auch intensiv in die praktische Medizin ein. Recht bald konnte sie ihn vertreten, und so praktizierte sie schon lange eigenständig, als sie ihre medizinische Promotion 1754 an der Universität Halle nach einer schon 1741 erteilten besonderen Erlaubnis Friedrichs des Großen nachholte. Sie hatte dabei aber keine Nachfolgerinnen.

Um die Mitte des 19. Jahrhunderts erst öffnete als erstes europäisches Land gerade dasjenige, das seinen Frauen die politischen Rechte noch sehr viel länger vorenthielt (auf Bundesebene bis 1971), die Schweiz, ihnen schrittweise seine vielen Universitäten – vor allem, wenn sie als Ausländerinnen kamen und nur wenig auf den einheimischen Arbeitsmarkt der Männer drückten. In Zürich wurden sie seit 1840 vereinzelt als Gäste zu Vorlesungen, später als Gasthörerinnen und schon seit 1867 als reguläre Studentinnen zunächst in der Medizin und bis 1872 in den anderen Fakultäten außer der Theologischen (hier erst 1909) zugelassen. 1867 promovierte in Zürich als erste Frau Nadeschda P. Suslowa, Tochter eines freigelassenen russischen Leibeigenen. Nach dem Besuch eines St. Petersburger Mädchengymnasiums, das freilich weder ein Abitur kannte noch eine Studienberechtigung verlieh, war sie Gasthörerin an der dortigen Medizinischen Akademie gewesen. Sie musste außerhalb Russlands nach einer Möglichkeit zum sinnvollen Abschluss ihrer intensiven Beschäftigung mit der Medizin suchen, weil Zar Alexander II. nach Studentenunruhen 1863 selbst die sehr beschränkte Petersburger Praxis verbot. Trotz dieses Rückschlags für russische Frauen gab es weiterhin einzelne Gymnasien für Frauen, und 1878 richtete der Historiker Konstantin N. Bestuschew-Rjumin in St. Petersburg darauf aufbauende «Höhere Frauenkurse» mit geisteswissenschaftlichem, mathematischem und naturwissenschaftlichem Schwerpunkt ein; ein formeller Studienabschluss war dort aber nicht möglich. Deshalb gingen viele dieser sehr gut vorgebildeten Russinnen zum Abschluss ihrer Studien ins Ausland, in die Schweiz. Hier soll es bis 1920 etwa 7000 russische Studentinnen gegeben haben und in Frankreich bis zu 5000. 1890 waren Frauen an allen Universitäten der Schweiz außer Fribourg/Freiburg (hier erst 1905) zum regulären Studium zugelassen, und 1893/94 waren schon 16% aller Studierenden in der Schweiz Frauen – ein außergewöhnlich hoher Anteil, der in Deutschland erst 1930 erreicht wurde. Die Deutsche Ricarda Huch erwarb 1891 als erste Frau überhaupt in der Schweiz ein Gymnasiallehrer-Diplom und promovierte 1892 in Zürich mit einer historischen Arbeit. Ihr folgten dort 1897 Rosa Luxemburg aus Russisch-Polen mit einer staatswissenschaftlichen Doktorarbeit zur polnischen Industriegeschichte und 1898 ihre Freundin, die engagierte Frauenrechtlerin Anita Augspurg, als erste promovierte deutsche Juristin mit einer verfassungsgeschichtlichen Arbeit zum englischen Parlamentarismus. Das waren aber reine Universitätsprüfungen; der Weg zu einem Staatsexamen und damit zur eigenen Berufstätigkeit und Praxis war in der Schweiz jedoch Frauen wie Männern nur nach der Matura in einem Schweizer Kanton möglich. Marie Heim-Vögtlin legte als erste Schweizerin 1873 dieses medizinische Examen in Zürich ab, erwarb 1874 den Doktorgrad und durfte dann als erste Frau auch praktizieren. Die erste diplomierte Ingenieurin Europas war die Genferin Cécile Butticaz, die 1907 an der Lausanner Ingenieurschule abschloss und dann u. a. beim Bau des Simplontunnels mitwirkte.

In Österreich wurden 1878 erstmals Frauen als Gasthörerinnen zugelassen. Schon seit 1872 konnten sie als Externe die Matura als Gymnasialabschlussprüfung ablegen. 1893 wurde in Wien das erste Frauengymnasium eröffnet; es hatte einen zu den 77 anderen, Frauen verschlossenen Gymnasien in der österreichischen Reichshälfte durchaus vergleichbaren Lehrplan. Ab 1901 endlich berechtigte die Matura durch den bis dahin bei Frauen noch fehlenden Zusatz «reif zum Besuch einer Universität» auch sie zu einem ordentlichen Studium und den damit verbundenen Prüfungen. Schon 1897 wurden in den Philosophischen und 1900 in den Medizinischen Fakultäten erstmals Frauen zugelassen; die Juristischen Fakultäten folgten wie in Frankreich erst später, nach der Revolution 1919, ebenso die Technischen Hochschulen, und die Theologischen Fakultäten noch einiges später. Auch in Österreich stellte für Frauen der Zugang zu einem staatlich regulierten akademischen Beruf wie dem der Ärztin ein weiteres Problem eigener Art dar. Gabriele Possanner von Ehrenthal hatte in Genf und Zürich Medizin studiert und in Zürich 1894 promoviert. Ihre einzige Berufsmöglichkeit in ihrem Heimatland Österreich wäre die Stelle einer Amtsärztin in Bosnien-Herzegowina gewesen; dort mussten zwingend Frauen angestellt werden, weil die muslimischen Frauen keine männlichen Ärzte akzeptierten. Ihrem eigentlichen Ziel, der Eröffnung einer eigenen Praxis in Wien, kam Possanner nur über das umständliche neue Verfahren der «Nostrifikation» (Anerkennung) ihrer Zürcher Promotion nahe. Dazu musste sie alle mündlichen Prüfungen vor der Wiener Medizinischen Fakultät wiederholen und wurde so 1897 zur ersten österreichischen Doktorin überhaupt. Schwierig war auch der Weg in korporativ regulierte juristische Berufe; die erste Anwältin wurde 1929 und die erste Notarin 1989 zugelassen.

In Deutschland war Sofija W. Kowalewskaja, Tochter eines russischen Generals, die erste Frau, die als persönlicher Gast einzelner Professoren schon ab 1869 in Heidelberg und dann Berlin Mathematikvorlesungen besuchen durfte. Der Berliner Mathematiker Karl Weierstraß verhalf ihr dann zur Möglichkeit, zwar nicht an seiner Fakultät, aber doch in Göttingen 1874 promovieren zu dürfen – «in absentia», also ohne mündliche Prüfung. 1884 wurde sie als erste Frau im 19. Jahrhundert (ihre Vorgängerin war die Physikerin Laura Bassi 1734 in Bologna) in Stockholm besoldete Dozentin an einer Universität, ohne volle Professorenrechte und zuerst auch nur auf Zeit. Eine größere Zahl von Gasthörerinnen wurde in Deutschland jedoch erst 1895 zugelassen, wieder an der Heidelberger Universität, aber nur in Absprache mit dem jeweiligen Professor, ohne das Recht, geprüft zu werden und in widerruflicher Weise. Für die Frauen war es damals eine ernstliche Hürde, dass sie kein Abitur hatten, weil sie keines haben durften. Die 1872 geborene Alice Salomon durfte auf Grund anderer Schriften ausnahmsweise ohne Abitur ihr Studium aufnehmen, geriet deshalb aber 1906 in Berlin bei ihrer volkswirtschaftlichen Promotion mit einer volkswirtschaftlichen Arbeit über die Ursachen der ungleichen Entlohnung von Männer- und Frauenarbeit in ziemliche Schwierigkeiten. Die erste Frau wurde erst 1896 in Berlin zur Abiturprüfung zugelassen und 1899 folgte der erste Jahrgang des 1893 privat gegründeten ersten deutschen Mädchengymnasiums in Karlsruhe. Die badische Regierung erlaubte daraufhin 1900 an den beiden Landesuniversitäten in Heidelberg und Freiburg das volle Frauenstudium. Bayern folgte 1903, Württemberg 1904 und am Ende 1908 auch Preußen und 1909 als letzter Bundesstaat Mecklenburg-Schwerin. Bei den Ingenieuren erwarb als erste Frau Elisabeth von Knobelsdorff 1911 ihr Diplom im Fach Architektur an der Charlottenburger Technischen Hochschule. Die erste Ingenieur-Promotion legte Nora Kräutle in Chemie an der Stuttgarter Technischen Hochschule 1915 ab.

Außerhalb Mitteleuropas kam das Frauenstudium früher in Gang, aber auch nicht ohne Schwierigkeiten. In Frankreich erwarb Julie-Victoire Daubié schon 1861 von der Universität Lyon ihren «bac» und schloss dort auch ihr Studium erfolgreich ab. Zwar wurden die ersten Doktorgrade in Frankreich vor allem an Ausländerinnen verliehen, bei den Medizinern 1870 an die Engländerin Elizabeth Garrett und 1871 an die Amerikanerin Mary Putnam, aber doch schon 1875 an Madeleine Brès als erste Französin. Sie alle hatten sich autodidaktisch über vielerlei Umwege wie «Frauenkurse», chemische Laborarbeit oder Apothekerprüfungen vorbereitet. Auch die erste Frau, die in Frankreich in den Rechtswissenschaften promovierte, war eine Ausländerin, die Rumänin Sarmiza Bilcescu 1890 in Paris. In Frankreich hatte die «Loi Sée» von 1880 zwar zu getrennten staatlichen höheren Schulen für Frauen geführt, deren erste 1882 in Montpellier eingerichtet wurde, aber mit einem gegenüber den «Lycées» (für Männer) verkürzten Programm und ohne einen Abschluss, der zum Studium berechtigte. Die Gleichberechtigung beim Abitur und damit beim Zugang zu einem regulären Studium erhielten französische Frauen erst 1924. Auch in Frankreich ließ die Universität deutlich früher das Studium von Frauen zu als Staat und Korporationen im nächsten

Schritt bisherige Männerberufe für Frauen öffneten – Jeanne Chauvin, die zweite Frau mit juristischer Promotion, wurde auf ihren Antrag von 1897 erst nach einer Gesetzesänderung 1900 zur Anwaltschaft zugelassen und plädierte erst 1907 als erste Frau vor Gericht. Erste Notarinnen gab es sogar erst 1948. Ganz in dieser Linie öffneten sich die berufsnäheren «Grandes Écoles» zumeist erst ab den 60er Jahren des vergangenen Jahrhunderts in stärkerem Maß für Frauen (Ponts et Chaussées 1959, Mines 1969, Polytechnique 1972).

England fand einen ziemlich anderen Weg zum Frauenstudium, als dort beginnend im Jahr 1849 mit «Bedford College» (heute «Royal Holloway College»), einem Teil des Prüfungsverbunds der «University of London», ein erstes reines Frauen-College eingerichtet wurde. Ähnliches geschah in Cambridge ab 1869 und in Oxford ab 1878. Das Recht, nach einem Studium auch geprüft zu werden, ließ aber auch hier auf sich warten: 1878 erst ließ London Frauen auch zu den gleichen Examina wie die Männer zu, und Oxford erst 1920. St. Andrews in Schottland dagegen graduierte schon ab 1882, verlieh aber nur den auf Frauen beschränkten Grad der «Lady Licentiate in Arts (LLA)». Ab 1892 öffneten die schottischen Universitäten allmählich den Frauen die ihnen bis dahin verschlossenen allgemeinen Prüfungen.

Im damals russischen Warschau gab es sogar eine organisierte Selbsthilfe von polnischen Frauen in bedeutendem Umfang in Form der «fliegenden» Universität («Uniwersytet Latający»). Diese polnische Untergrund-Universität gegen die von oben betriebene Russifizierung des gesamten Alltagslebens hielt ihre Kurse wegen der russischen Geheimpolizei von 1882 bis 1905 in immer wieder anderen privaten Wohnungen ab. Ursprünglich war sie von einer Frau, Jadwiga Szczawińska-Dawidowa, für andere Frauen gegründet; zu ihrem breiten Erfolg trugen aber auch viele hervorragende polnische Gelehrte als Lehrer bei. Nach der Erfahrung der Erfolglosigkeit des Gebrauchs von Gewalt in vielen Aufständen wollte man «positiv» für die Zukunft des erhofften eigenen Staates arbeiten. Ganz im Sinne des in Polen damals sehr populären Positivismus von Auguste Comte war dafür die Gleichberechtigung von Männern und Frauen und ihre gleiche Chance auf Bildung selbstverständlich. In diesen Kursen ohne Prüfungen haben mindestens 5000 Frauen, die damals in keinem der drei Teilungsgebiete Polens hätten studieren dürfen, und später auch Männer ihre wissenschaftliche Grundbildung erhalten. Darunter war auch die spätere zweifache Nobelpreisträgerin Marie Skłodowska-Curie, die seit 1908 als erste Frau einen Lehrstuhl an der Pariser Universität inne hatte.

Später und schwieriger noch als zum Studienabschluss kamen Frauen zur Habilitation und damit zur Anerkennung als selbstständige, vollberechtigt an der Universität lehrende Wissenschaftlerin. Als erste Frau habilitierte sich 1898 Anna P. Tumarkin, eine Jüdin aus dem russischen Moldawien, mit 28 Jahren in Bern für Philosophie und stieg dort zur ersten vollberechtigten Professorin in Europa auf. In Österreich habilitierte sich als erste Frau 1905 die Romanistin Elise Richter in Wien. Als sich in Graz 1919 die Germanistin Christine Touaillon habilitieren wollte, wurde das Verfahren in der Fakultät zunächst verschleppt, weil sie dagegen war, dass in Zukunft eine Frau junge Männer unterrichten sollte. Im Herbst 1920 stellte sie dann an das Fachliche deutlich höhere Anforderungen als sonst üblich, weshalb die Kandidatin an die Wiener Universität wechselte und dort Mitte 1921 habilitiert wurde. Die wohl erste «wirkliche ordentliche Professorin» Österreichs war seit 1956, drei Jahre vor ihrer Emeritierung, die Histologin Carla Zawisch-Ossenitz, die von den Nationalsozialisten 1938 aus ihrer Universität Graz herausgedrängt worden war. In Deutschland war die Zoologin Maria von Linden 1895 die erste Doktorin der Tübinger Universität und zugleich die erste Doktorin der Naturwissenschaften. Sie wurde dann wissenschaftliche Assistentin in Tübingen und Bonn und beantragte dort 1906 die Zulassung ihrer Habilitation. Für das preußische Kultusministerium war dies eine Grundsatzfrage. Es stellte dazu eine Umfrage bei allen Universitäten des Landes an, die ziemlich zurückhaltend antworteten, und lehnte daraufhin 1908 den Antrag grundsätzlich ab. Die Rechtslage begann sich erst zu ändern, als die Weimarer Reichsverfassung die Gleichberechtigung von Männern und Frauen postulierte. Trotzdem riet 1919 der Doktorvater von Edith Stein, der Freiburger Philosoph Edmund Husserl, in einem Gutachten für die Göttingen Fakultät, die ihm folgte, von der Habilitation seiner früheren Assistentin ab, solange dies für Frauen nicht vorgesehen sei. Dagegen entschieden sich die Göttinger Mathematiker im selben Jahr 1919, Emmy Noether zur Habilitation zuzulassen. Sie war dabei erfolgreich; das brachte sie aber trotz ihrer Leistungen in Topologie und theoretischer Physik nicht auf eine besoldete Professorenstelle. 1920 schließlich kam Preußen der Gleichberechtigung an Universitäten etwas näher, als es grundsätzlich auch für Frauen die Möglichkeit zur Habilitation eröffnete. Im selben Jahr schloss Margarethe von Wrangell in Württemberg, das schon offener war, an der Landwirtschaftlichen Hochschule Hohenheim ihre Habilitation bereits erfolgreich ab und wurde dort 1923 als erste Frau in Deutschland auf einen Lehrstuhl (für Pflanzenernährungslehre) berufen.

Strukturell war die Frage des Frauenstudiums immer und überall eng verknüpft mit den vorgelagerten Fragen nach adäquaten Vorbildungsmöglichkeiten für den Besuch der Universität und deren Zertifizierung und mit der nachgelagerten, ob sie denn zum Ablegen von Universitätsprüfungen wie Promotion und Habilitation berechtigt seien und ob das Bestehen dieser Prüfungen auch wirklich den Zugang zu einem entsprechenden Beruf öffnete. Mit allen diesen Fragen setzte sich fundiert, engagiert und hartnäckig die reformorientierte Frauenbewegung auseinander. Entschieden wurden sie freilich von Männern, die sich nur sehr allmählich von merkwürdigsten Bedenken gegen Neuerungen freimachen konnten. So war die 25-Seiten-Broschüre des in Neurologie habilitierten, aber an der Universität nicht wirklich erfolgreichen Paul Julius Möbius «Ueber den physiologischen Schwachsinn des Weibes» ein um 1900 viel diskutierter pseudowissenschaftlicher Text, dessen Vorurteile noch lange nachwirkten.

10. Verblassen und neue Lebendigkeit der humboldtschen Universitätsidee seit dem Ende des 19. Jahrhunderts

Probleme der zunehmenden Fächervielfalt

Die neue Konzeption der Berliner Universität hatte den Imperativ zur Forschung immer mehr verstärkt und dadurch systematisch der Förderung von wissenschaftlicher Innovation einen zentralen Platz in der Universität zugewiesen. Daraus ergab sich die allmähliche Ausdifferenzierung der Fächer und dadurch wiederum kam es zu dem Bedürfnis, daraus institutionelle Konsequenzen innerhalb der Universitäten zu ziehen. Das Vier-Fakultäten-Schema wurde aufgebrochen durch die Teilung gerade der jüngsten, aber auch von den Inhalten disparatesten Fakultät, der Philosophischen, in eine verkleinerte Philosophische Fakultät im engeren geisteswissenschaftlichen Sinne und in eine neue Mathematisch-Naturwissenschaftliche Fakultät. Dieser Prozess war nicht unmittelbar zwangsläufig, sondern zog sich über fast ein ganzes Jahrhundert hin. Er setzte sehr früh ein in Zürich an der Universität 1858 und in Tübingen 1863, und er endete sehr spät im Jahre 1948 in Münster. Nach diesem ersten Aufbrechen der alten Fakultätenstruktur folgten immer weitere Verselbstständigungen von neuen Fakultäten, vor allem weiter aus den beiden neuen, immer noch sehr breiten Fakultäten heraus bis zu einer Zahl von zwei Dutzend oder mehr Fakultäten in den 70er Jahren des 20. Jahrhunderts.

Ordinarienuniversität ohne Gleichberechtigung aller Lehrenden

Unter der Hülle einer sich mit Barett und Talar weiterhin mittelalterlich-traditionell gebenden Korporation aller derer, die zur akademischen Lehre berechtigt waren, verbarg sich eine immer bunter werdende Vielfalt von Personalkategorien der Lehrenden. Sie reichte vom unbezahlten jungen Privatdozenten über den allein mit dem Titel «apl. Professor» (außerplanmäßiger, nämlich nicht im Haushaltsplan vorgesehener, also auch nicht vom Staat besoldeter Professor) belohnten «bewährten» Privatdozenten über den beamteten außerordentlichen Professor bis zu den obersten Rängen der ordentlichen Professoren oder Ordinarien. Sie waren nicht nur Beamte, sondern auch Vorstände ihres Instituts, ihres Seminars oder ihrer Klinik. Sie verfügten darin über alle Ressourcen, auch die für alle anderen Lehrenden. Und da der Marktmechanismus der von den Studierenden zu zahlenden Hör- oder Kolleggelder weiter galt, verteilten die Ordinarien die einträglichen Hauptvorlesungen alleine unter sich. Ihren nicht-ordentlichen Kollegen blieben dann die Nebengebiete; so lehrte etwa der Ordinarius für Romanistik vor allem französische Literatur, und dem außerordentlichen Professor blieben die italienische, spanische usw. Der Physiker Max Planck soll 1906 in Berlin außer seinem Jahresgehalt von 6000 Mark noch etwa 4000 bis 5000 Mark an Hörgeldern bezogen haben. Bayern bezahlte seinen Professoren sehr ähnliche Gehälter. Hier lagen sie im Vergleich etwas unter denen der Regierungsräte (heute mindestens den Ministerialräten vergleichbar) in den Ministerien, der Direktoren der Landgerichte und der Rektoren der Gymnasien. Rechnet man allerdings die Hör- oder Kolleggelder hinzu, dann konnten ordentliche Professoren im «richtigen» Fach (mit hohen Studentenzahlen) durchaus das Gehaltsniveau der wenigen Ministerialdirektoren oder Oberlandesgerichtspräsidenten erreichen. Im universitären Machtzentrum Senat schließlich waren die Ordinarien ganz unter sich – weder die anderen Lehrenden noch gar die Studierenden hatten Mitspracherechte und auch keine Chance, zum Rektor gewählt zu werden.

Auslagerung der Großforschung in separate außeruniversitäre Forschungsinstitute

Vor allem in den aufstrebenden Natur- und Technikwissenschaften erforderte die Forschung apparativ wie finanziell immer größeren Aufwand; gleichzeitig entwickelte sie sich zu einem nicht mehr so einfach steuerbaren Großbetrieb eigener Art, der Manager-Qualitäten erforderte. Deshalb suchten die Universitäten schon am Ende des 19. Jahrhunderts von Fall zu Fall nach Möglichkeiten der Kooperation mit der Industrie – die BASF in Ludwigshafen war auf diese Weise eng mit dem Chemischen Institut der Universität Heidelberg verbunden und die Technische Hochschule Darmstadt baute in gezielter Zusammenarbeit mit der Frankfurter AEG das völlig neue Fach der Elektrotechnik als erste überhaupt aus.

Punktuelle Kooperationen reichten aber nicht aus. Als zum 100. Jubiläum der Berliner Universität die Stiftung einer «Kaiser-Wilhelm-Gesellschaft e. V.» (heute «Max-Planck-Gesellschaft e. V.») ins Auge gefasst wurde, bezeichnete dies auch den Beginn einer massiven Auslagerung von Forschung aus einem Modell von Universität, für die sie bis dahin geradezu konstitutiv gewesen war. Diese neue außeruniversitäre Forschung bedeutete zunächst einmal die Errichtung und Finanzierung klar fokussierter Forschungsinstitute um einen herausragenden, weiterhin viel versprechenden Forscher (das sog. «Harnack-Prinzip»), und dann die Sammlung von Spenden aus der Großindustrie und dem städtischen Bürgertum für diesen Zweck. Der evangelische Kirchenhistoriker Adolf von Harnack fasste diesen entscheidenden Schritt in die Zukunft in seiner Denkschrift von 1909 zur Gründung der Kaiser-Wilhelm-Gesellschaft so zusammen: «Die Wissenschaft ist in ihrem Betrieb an einem Punkt angelangt, an welchem der Staat allein für ihre Bedürfnisse nicht mehr aufzukommen vermag. Eine Kooperation des Staates und privater kapitalkräftiger Bürger ist ins Auge zu fassen; in ihr allein ist die Zukunft der wissenschaftlichen Forschung nach der materiellen Seite hin sicher verbürgt.» Die wissenschaftspolitische Seite sollte dagegen weiterhin wesentlich vom Staat bestimmt werden. Der privatrechtliche Verein der Kaiser-Wilhelm-Gesellschaft war zunächst auf Preußen beschränkt und wurde erst in der Weimarer Republik gesamtdeutsch. Seit seinen Vermögensverlusten in der Inflation 1923 wird er im Wesentlichen aus öffentlichen Mitteln finanziert.

Wissenschaftspolitik im «System Althoff»: wohlmeinende Diktatur der staatlichen Kultusverwaltung

Der herausragende Wissenschaftspolitiker dieser Zeit war Friedrich Althoff in Preußen. 1867 hatte er sein Assessorexamen mit der für Juristen unglaublichen Note «sehr gut» bestanden und 1871 wurde er mit 32 Jahren Justitiar und Referent für Kirchen- und Schulsachen in der provisorischen Verwaltung des gerade im Krieg gegen Frankreich eroberten Elsass. Er baute an führender Stelle die neue, 1872 eröffnete Straßburger Universität auf, die erste Neugründung in Deutschland seit Bonn 1818. Sie sollte aus Berliner Sicht gerade die elsässischen Führungsschichten wieder an «ihre» deutsche Kultur heranführen; und sie sollte als eine Modelluniversität von besonderer Qualität in das besiegte Frankreich ausstrahlen. Althoff berief fast 60 Professoren nach Straßburg; ihr Durchschnittsalter lag anfangs bei 39 Jahren (in Berlin dagegen bei 62). Selbstverständlich richtete Althoff in allen Fächern Seminare oder Institute mit Bibliotheken und Laboratorien ein. Er erkannte auch die Notwendigkeit eines Pensionsfonds für Witwen und Waisen von verstorbenen Privatdozenten, um sie vor der ihnen drohenden Armut zu schützen.

Seit er 1882 nach Berlin berufen wurde, war Althoff fast ein Vierteljahrhundert im preußischen Kultusministerium für die Universitäten zuständig – in der Tat begründete er die «Wissenschaftspolitik» des Staates, wie es Harnack 1908 in seiner Trauerpredigt auf ihn formulierte. Im weiteren Sinne schuf er aus den preußischen Universitäten ein zusammenhängendes System, zunächst ein System der Infrastrukturen aus neuen Gebäuden und mehr Mitteln für den Kauf von Büchern. Er sorgte für einheitliche Instruktionen für die Katalogisierung in den Universitätsbibliotheken und richtete schon 1893 ein landesweites System der Fernleihe ein. Das lief parallel zu der von ihm verordneten Schwerpunkt- und Profilbildung einzelner Universitäten in bestimmten Feldern von Exzellenz, die zu einem effizienteren Einsatz der damals schon begrenzten Mittel führte. Bestimmte Fächer wurden dabei an bestimmten Universitäten zwar besonders gut ausgebaut, aber blieben an anderen trotzdem noch vertreten. So waren in Berlin Geschichte und Kunstgeschichte besonders stark, in Marburg Archivwesen und historische Hilfswissenschaften, in Halle-Wittenberg evangelische Theologie und in Göttingen Mathematik und Physik. Diese Konzentration der Ressourcen auf Exzellenz bei gleichzeitiger Verteilung auf verschiedene Städte trug dazu bei, dass bis 1918 von den 55 Nobelpreisträgern für die Naturwissenschaften 19 aus Deutschland und davon 13 aus Preußen kamen. Althoff brachte auch die internationale Verflechtung der preußischen Universitäten in Gang. Die Universitätsabteilung des Kultusministeriums stellte ihre Arbeit schließlich sehr erfolgreich bei den Weltausstellungen in Chicago 1893, in Paris 1900 und in St. Louis 1904 dar, wo Althoff den Professorenaustausch mit den USA vereinbarte. Schließlich mündete Althoffs wissenschaftspolitische Arbeit in die Gründung einer neuen, anderen Universität, die er als erste deutsche Stiftungsuniversität zusammen mit Oberbürgermeister Franz Adickes in Frankfurt vorbereitete, auch wenn er ihre Eröffnung 1914 nicht mehr erlebte. Finanziert aus den Mitteln des Frankfurter Bürgertums, gerade auch des jüdischen, sahen hier die Statuten erstmals ganz selbstverständlich vor, dass Juden Lehrstuhlinhaber werden konnten, anders als es sonst in Preußen üblich war.

Als «System Althoff» im engeren Sinn bezeichnete man seine Art der systematischen persönlichen Berufungspolitik. Er stützte sich dabei auf regelmäßige persönliche Abfragen von erstklassigen Informanten aus der Wissenschaft, womit er versuchte, Fakultätsegoismus und Kollegenfreundlichkeiten in die Schranken zu verweisen. Althoff oktroyierte preußischen Universitäten auch durchaus gegen ihren Willen Professoren auf, etwa der Universität Marburg Emil Behring, der 1901 den ersten Nobelpreis in Medizin für das dort entwickelte Diphtherie-Serum erhielt. Althoff war es auch, der Paul Ehrlich aus seiner doppelten Abhängigkeit als Assistent und als Jude durch die Gründung eines Instituts für experimentelle Therapie allein für seine Forschungen befreite, das einer der Kerne der Frankfurter Stiftungsuniversität von 1914 wurde, wie Ehrlich dankbar beschrieb: «Als Assistent herumgeschubst, in die engsten Verhältnisse eingezwängt – von der Universität absolut ignoriert – kam ich mir ziemlich unnütz vor. Ich habe nie einen Ruf auf die kleinste Stelle erhalten und galt als Mensch ohne Fach, d.h. vollkommen unverwertbar. Wenn Sie dann nicht mit starker Hand und genialer Initiative für mich eingetreten wären, wenn Sie mir nicht mit rastlosem Eifer und gütiger Freundschaft die Arbeitsmöglichkeiten zurecht gemacht hätten, unter denen ich mich entwickeln konnte, wäre ich vollkommen brachgelegt gewesen.»

Trotz der Chancen, die es für Außenseiter wie Katholiken und Juden eröffnete, konnte man das «System Althoff» auch ganz anders sehen, als «souveräne Nichtachtung des Vorschlagsrechts der Fakultäten und Züchtung des Servilismus durch ministerielle Gnadengeschenke», wie es der Archäologe Ludwig Curtius später in seinen Memoiren beschrieb. In der Diagnose durchaus ähnlich, aber in der Zuschreibung der Ursachen anders urteilte der Nationalökonom Werner Sombart, der – als Marxist verschrien – in Baden wie auch unter Althoff mehrfach bei Berufungen übergangen wurde. Er führte die Vermehrung des Servilismus nicht auf Althoffs Wirken zurück, sondern auf einen «allgemeinen Zug zum Reservelieutenantstum, der unsere Zeit erfüllt», und weiter: «Es ist kindlich zu glauben, dass die Universitäten heute so sind, wie sie sind, weil Althoff sie dazu gemacht hat. Auch Althoff konnte nichts anderes tun, als die im Stillen vollzogene Wandlung der Verhältnisse äußerlich zur Anerkennung zu bringen. Das ‹System Althoff› ist keine Ursache, sondern Wirkung.»

Die entschiedene Wissenschaftspolitik Preußens unter Althoff führte auch zur Bildung von Interessenorganisationen. Althoff selbst ging dabei voran und dehnte seinen Einfluss durch die von ihm 1898 geschaffene «Konferenz von Vertretern deutscher Regierungen in Hochschulangelegenheiten» aus (in der auch Österreich mitwirkte), die die Vorläuferin der intra-föderalen Koordination in der heutigen Kultusministerkonferenz ist. Althoff löste damit eine Art Gegenwehr der Universitäten aus, deren Rektoren sich seit 1903 zunächst informell trafen und damit die heutige «Hochschulrektorenkonferenz» vorwegnahmen. Aus der Mitte der Universitäten entstand schließlich 1907 in Salzburg als eine «Professorengewerkschaft» (Lujo Brentano) von Ordinarien und Privatdozenten der «Deutsche Hochschullehrertag», der Vorläufer des heutigen «Deutschen Hochschulverbands».

II. Tiefe Krise der deutschen Universität in der Weimarer Republik und im Nationalsozialismus

Weimarer Republik: Internationale Ausgrenzung, steigende Studentenzahlen und politische Radikalisierung

Der Erste Weltkrieg hatte mit dem deutschen Überfall des neutralen Belgien begonnen. Dieses völkerrechtswidrige Handeln rief im Ausland große Empörung hervor, besonders in den neutralen Ländern. Dagegen wurde am 4.10.1914 offiziös, u.a. unter verdeckter Beteiligung des Reichsmarineamts, ein Aufruf führender deutscher Wissenschaftler (u.a. Harnack und Schmoller) und Künstler (u.a. Liebermann) «An die Kulturwelt!» lanciert. Ihren rhetorisch geschickten, in der Sache aber verzerrenden Protest «gegen die Lügen und Verleumdungen», die gegen Deutschland in seinem von außen aufgezwungenen «Daseinskampf» vorgebracht wurden, hatten offenkundig nicht alle 93 Unterzeichner vorher zu lesen bekommen. «Glaubt, dass wir diesen Kampf zu Ende kämpfen werden als ein Kulturvolk, dem das Vermächtnis eines Goethe, eines Beethoven, eines Kant ebenso heilig ist wie sein Herd und seine Scholle» – mit solchen Schlussworten wirkte der Text verheerend nicht nur für das Ansehen seiner Unterzeichner, sondern der ganzen deutschen Wissenschaft. Nach dem Waffenstillstand 1918 wurden deutsche Wissenschaftler nur ganz selten wieder an der internationalen Zusammenarbeit in Zeitschriften, Fachgesellschaften und Kongressen beteiligt. Deutsch verlor als Wissenschaftssprache mit diesem internationalen Boykott erheblich an Bedeutung, woran auch der Beitritt des Deutschen Reichs zum Völkerbund 1926 nichts mehr ändern konnte. Nun zeigte sich zwar die andere Seite bereit, den Boykott zu beenden, aber aus Deutschland verlangte man wirklichkeitsfremd, die deutsche Sprache wieder im alten Umfang zuzulassen und anzuerkennen, dass der Boykott von Anfang an ungerechtfertigt gewesen sei.

Innenpolitisch warf der Erfolg, dass die Zahl der Studenten eine in Deutschland nie vorher gesehene Höhe erreichte, viele Probleme in der Weimarer Republik auf. Der statistische Höhepunkt lag im Jahr 1931, als es 138 000 Studenten gab, wovon immerhin 20 000 oder 15 % Frauen waren. Die Zahl der in einem entsprechenden Beruf beschäftigten Akademiker wurde zur selben Zeit auf 300 000 bis 350 000 geschätzt. Daraus konnte man einen durchschnittlichen jährlichen Ersatzbedarf für nur etwa 10 000 Ausscheidende ableiten. Diese Zahl lag in einem entschiedenen Missverhältnis zur Zahl der etwa 20 000 bis 27 500 jährlich zu erwartenden Absolventen. Hinzu kam eine seit dem Krieg einsetzende Nivellierung des Einkommensunterschieds zwischen Hand- und Geistesarbeitern; gewohnte Gehaltserwartungen wurden im Beruf zunehmend enttäuscht. Diese düsteren Aussichten standen den Studierenden klar vor Augen und trieben sie neben Kriegserlebnis und materieller Not in tiefe Verunsicherung.

Die Universitäten hatten nach 1918 zusätzlich vier – allerdings erheblich dezimierte – Jahrgänge von jungen Männern aufzunehmen, die von der Fronterfahrung des industrialisierten Krieges gezeichnet, körperlich ausgezehrt und vielfach existenziell entwurzelt waren. In den Krisenjahren der Inflation lebten viele von ihnen in bitterster Not, und noch in einem relativ guten Jahr wie 1927 galten noch immer bis zu 15 % der Studenten als unterernährt. 1928 starben mit 0,2 % der Studenten überdurchschnittlich viele an der typischen Armenkrankheit Tuberkulose; in der gesamten Altersgruppe von 15 bis 30 Jahren waren es dagegen nur 0,18 % (und vor dem Krieg 0,16 %). Studenten mussten sich in immer größerer Zahl ihr Studium selbst erarbeiten, wofür 1921 der neue Begriff «Werkstudent» geprägt wurde. Am Höhepunkt der Inflation im Jahr 1923 war statistisch jeder zweite Studierende ein solcher Werkstudent. Erste Abhilfe gegen die materielle Not kam aus neuen Institutionen der studentischen Selbstverwaltung, die im Gefolge des Weltkriegs entstanden waren. Die neuen Studentenschaften gründeten 1921 die «Wirtschaftshilfe der Deutschen Studentenschaft». Sie betrieb – viel zu wenige – erste Mensen und Wohnheime und wurde so die Vorgängerin der heutigen Studentenwerke. Ihr angeschlossen entstand 1925 die «Studienstiftung des deutschen Volkes» zur Unterstützung besonders Begabter.

Erste vereinsartige «Allgemeine Studentenausschüsse» (AStA) aus Vertretern von Verbindungen und aus «freien» Studenten hatten schon am Ende des 19. Jahrhunderts (1885 in Heidelberg, 1904 in Leipzig und an der Technischen Hochschule Dresden) begonnen, die Interessen der Studenten zu vertreten. Das Ende der Monarchie brachte die Vereinsfreiheit und führte vielerorts zur Gründung von weiteren Studentenschaften. Sie schlossen sich im Juli 1919 in Würzburg zur «Deutschen Studentenschaft» als Dachorganisation aller Studenten «deutscher Abstammung und Muttersprache der Hochschulen des deutschen Sprachgebiets» zusammen. Unter dem unmittelbaren Eindruck des Friedensvertrags von Versailles zielte das trotzig auf die großdeutsche Einbeziehung Österreichs und verneinte für viele zugleich den Grundsatz der Gleichberechtigung aller, auch der jüdischen deutschen Staatsbürger.

Hier schwelte ein verhängnisvoller Konflikt aus einem Erbe des Kaiserreichs. Auch die Revolution von 1918 war eine Revolution ohne Studenten gewesen. Fast zwei Drittel der studierenden Männer gehörte weiterhin den verschiedenen Verbindungen an. Viele Verbindungen und eine Mehrheit der Studierenden hingen nationalistischem und dann auch antisemitischem und rassistischem Denken an. Gerade in den relativ guten Jahren nach der Inflation entfaltete sich hier ein Strukturkonflikt gegen die in den Grundrechten verkörperten Werte der Republik. Im Zuge der Demokratisierung nach der Revolution hatte Preußen 1920 an seinen Hochschulen die studentische Selbstorganisation in Form staatlich verfasster Studentenschaften mit Zwangsmitgliedschaft und Beitragspflicht, aber ohne politisches Mandat verankert; auch die meisten anderen Länder folgten. 1922 präzisierten die deutschen Kultusminister, dass in diesen Studentenschaften neben reichsdeutschen auch auslandsdeutsche Studierende «ohne Bindung an Rasse und Konfession» aufzunehmen seien. Die als Verein privatrechtlich verfasste «Deutsche Studentenschaft» nahm dagegen nur solche deutsche

(Teil-)Studentenschaften aus dem Ausland (an den Hochschulen Österreichs, der Tschechoslowakei und der Freien Stadt Danzig) auf, die sich «arisch» organisiert hatten, also Juden die Mitgliedschaft verwehrten, sie von den Universitäten vertreiben wollten und deshalb auch fast keine sozialistisch und liberal eingestellten Mitglieder fanden. In der in Preußen mit eigener Mehrheit (sonst gab es das nur noch in Baden) regierenden verfassungsbegründenden «Weimarer Koalition» (SPD, Zentrum, DDP/Linksliberale) entwarf 1927 Kultusminister Carl Heinrich Becker eine Verordnung, die das Staatsbürgerprinzip bekräftigte, bei der Aufnahme ausländischer Studenten ausdrücklich keine Einschränkungen im Blick auf Religion und Abstammung zuließ und nun klar verlangte, dass preußische Studentenschaften sich nur mit solchen anderen verbinden durften, die ebenfalls diesem Prinzip folgten. Da die verfasste Studentenschaft aus dem Willen der Studenten entstanden war, sollte auch diese Änderungsverordnung nur in Kraft treten, wenn sie in einer «Wahl», einer Art von Urabstimmung, durch die Studenten selbst angenommen wurde. Das Ergebnis der landesweiten Abstimmung am 30.11.1927 war niederschmetternd. Bei einer Wahlbeteiligung von 67% lehnten 77% (26315) der preußischen Studenten die weitere Existenz der verfassten Studentenschaft in Beckers verfassungsfreundlicher Neufassung ab. Nur an einer einzigen Hochschule fand der Vorschlag eine Mehrheit, an der kleinsten des Landes, der katholischen Staatlichen Theologischen Akademie in Braunsberg in Ostpreußen (mit 33 Stimmen). Immerhin unterstützten an großen Universitäten wie Berlin und Bonn je 37% der Abstimmenden und in Breslau und Frankfurt je 28% Beckers Entwurf. Das neue Statut trat damit nicht in Kraft, und die bestehenden verfassten Studentenschaften wurden aufgelöst.

Damit war ein breites Tätigkeitsfeld offen für politische Organisationen der Studenten. Der 1926 gegründete «Nationalsozialistische Deutsche Studentenbund» (NSDStB) nahm einen schnellen Aufstieg. Unter seinem neuen Führer Baldur von Schirach, der 1927 gerade 20 Jahre alt war, erreichte er 1929 in Erlangen erstmals bei universitätsweiten Wahlen eine

Mehrheit, wo es schon 1923 kurzzeitig einen Nationalsozialisten an der Spitze der Studentenschaft gegeben hatte. Agitatorisch geschickt griff der NSDStB die Zukunftssorgen der Studierenden auf und forderte schon 1929 einen antisemitischen «numerus clausus» für die Universitäten. Zwei Jahre später stellte die Studentenorganisation der NSDAP bereits an zehn deutschen Universitäten die Mehrheit in den Allgemeinen Studentenausschüssen und konnte damit im selben Jahr die Führung in der Deutschen Studentenschaft übernehmen. Die Studenten, die akademische Jugend des Landes, wurden so zur ersten große Gruppe der deutschen Gesellschaft, die sich mehrheitlich von den Nationalsozialisten mobilisieren ließ und entschieden gegen die Werte der Republik stellte. Die deutsche Professorenschaft war vor 1933 durch die Bank sehr national und sehr konservativ eingestellt, nur in Ausnahmefällen sozialdemokratisch, kaum liberal und in weiten Teilen der Monarchie nachtrauernd. Vor 1933 hatten aber aus ihren Reihen nur etwas mehr als ein Prozent als Mitglied in die radikale NSDAP gefunden. Mit der Übernahme der Universitäten durch die Nationalsozialisten fand sich die Professorenschaft dann jedoch recht einmütig ab.

«Gleichschaltung» der deutschen Universitäten durch die Nationalsozialisten im Jahr 1933

Die NSDAP hatte kein hochschulpolitisches Programm. Nach der Ernennung Hitlers zum Reichskanzler kam es zunächst zu improvisierten Einzelmaßnahmen von unten. Mitglieder des Nationalsozialistischen Deutschen Studentenbundes boykottierten mit tumulthaften Aktionen die Vorlesungen der ihnen unliebsamen Professoren. Sie forderten die Entlassung jüdischer Professoren und zugleich die Vertreibung ihrer jüdischen Kommilitonen. Seit April 1933 bereitete die Deutsche Studentenschaft, die sich als «geistige SA» ansah und damit ihre Position in der internen Konkurrenz mit dem NSDStB verbessern wollte, mit Unterstützung von Goebbels' Propagandaministerium eine große «Aktion wider den undeutschen Geist» vor. Sie gipfelte in den Tagen um den 10. Mai 1933 in den Bücherverbrennungen in vielen deutschen Universitätsstädten.

Zu diesem Zeitpunkt hatte die systematische personalpolitische Umwälzung von oben in der deutschen Verwaltung und auch den deutschen Universitäten bereits begonnen. Grundlage dafür war das sogenannte «Gesetz zur Wiederherstellung des Berufsbeamtentums» vom 7. April 1933, das genau das Gegenteil zum Zweck hatte, nämlich dessen gründliche Zerstörung. Dieses Gesetz war auf der Grundlage des Ermächtigungsgesetzes vom 24.3.1933 schon ohne den Reichstag allein durch die Reichsregierung verabschiedet worden. Es bot die Handhabe zur politisch gewollten dauerhaften Entfernung von Beamten, gerade auch der Professoren, aus ihrem Amt unter Bruch aller bisherigen Sicherungen gegen Willkürakte des Dienstherrn. Im Einzelnen zielte das Gesetz auf Juden (mit einer von Hindenburg verlangten – und nach seinem Tod und der Konsolidierung des Regimes 1935 aufgehobenen – Ausnahme für «Frontkämpfer» des Ersten Weltkriegs), dann aber auch auf alle, die «nach ihrer bisherigen politischen Betätigung» nicht erwarten ließen, «jederzeit rückhaltlos für den nationalen Staat einzutreten» (das waren die Kommunisten und Sozialdemokraten, aber auch viele Liberale und Katholiken). Mit dem gummihaftesten aller Gummiparagraphen («zur Vereinfachung der Verwaltung») eröffnete es schließlich einen Weg zur Entlassung aus jeder Art von Ressentiment. Umstandslos wurden diese Maßnahmen an den Universitäten auch auf Nicht-Beamte wie Privatdozenten und Lehrbeauftragte ausgedehnt. Das Ergebnis dieser Säuberungsaktion war, dass bis 1936 mindestens 16 %, vielleicht bis zu 20 % der deutschen Universitätsprofessoren – jeder sechste – aus dem Amt gejagt wurden und von den wenigen Universitätsprofessorinnen mindestens ein Drittel. Mehr als der Hälfte der Entlassenen gelang es rechtzeitig, auszuwandern; zum Teil konnten sie im Ausland, besonders im angelsächsischen Bereich und in der sich modernisierenden Türkei, wieder in der Wissenschaft Fuß fassen. Insbesondere in den USA bildeten sich Infrastrukturen zur Unterstützung der Vertriebenen, auch mit Mitteln der «Rockefeller Foundation». Der Ökonom Alvin S. Johnson richtete eine «University in Exile», die bis 1945 immerhin 183 ins Exil gezwungenen europäischen Wissenschaftlern Zuflucht bot, an der New Yorker «New School for Social Research» ein. Die New School selbst war übrigens aus dem grundsätzlichen Protest dagegen entstanden, dass die «Columbia University» 1917 beim Kriegseintritt der USA allen ihren Mitgliedern einen Treueid zur Regierung abgefordert hatte.

Wenig später ermöglichte es in Deutschland das «Gesetz gegen die Überfüllung deutscher Schulen und Hochschulen» vom 25. April 1933, Juden zu treffen und erst einmal ihre Studienmöglichkeiten drastisch zu beschneiden. Ihr Anteil an den Neu-Immatrikulierten durfte nicht mehr höher liegen als ihr Anteil an der gesamten deutschen Bevölkerung. Er wurde zwar aufgerundet auf 1,5 % festgelegt, das war aber nur ein Höchstwert, der beliebig unterschritten werden konnte. Das Gesetz wurde rückwirkend für das Sommersemester 1933, das bereits begonnen hatte, angewandt und führte zu zahlreichen Zwangsexmatrikulationen. Die Entrechtung der Juden auch an der Universität endete 1937 in ihrem Ausschluss von der Promotion, und seit 1938 durften sie überhaupt nicht mehr studieren. Mit dem Überfüllungsgesetz von 1933 ging es grundsätzlich darum, die Studentenzahlen erheblich zu reduzieren. Entsprechend dem «Bedarf der Berufe» sollten jährlich nur noch 15 000 junge Leute, und davon nicht etwa die Hälfte, sondern nur noch 1500 Frauen, ein Studium beginnen dürfen, d. h. nur noch jeder zweite Abiturient und jede siebte Abiturientin.

Ideologisierung von Institution und Inhalt: Führerprinzip und Instrumentalisierung der Forschung

Äußerlich blieben im Nationalsozialismus die überlieferten Institutionen der akademischen Selbstverwaltung unberührt, aber sie änderten grundlegend ihren Charakter. Am 28.10.1933 übertrugen «Vorläufige Maßnahmen zur Vereinfachung der Hochschulverwaltung» das Führerprinzip in die Universität. Der Rektor wurde nicht mehr frei gewählt, sondern ernannt; und er seinerseits ernannte die Dekane. Dem Führerprinzip entsprechend wurde den Senaten und Fakultäten jede Art der Abstimmung verboten. Nach der zentralisierenden «Gleichschaltung» der Länder folgte im Mai 1934 die Einrichtung eines Reichswissenschaftsministeriums unter Bernhard Rust. Von hier aus wurden reichsweit die Berufungen der Professoren ausgesprochen und ihre Versetzungen betrieben. Allerdings entwickelte sich recht bald eine weniger bekannte Parallel-Hierarchie aus Dozentenschaftsführern in Reich, Hochschulen und Fakultäten. Sie vertraten die Generation junger Nationalsozialisten an den Universitäten, die (Privat-)Dozenten schon waren oder werden wollten und darauf drängten, eine Stelle zu erhalten (1931 waren auf zwei beamtete Professoren durchschnittlich drei Privatdozenten gekommen). Diese Dozentenschaftsführer trieben durch ihre politischen, parteiischen und damit sachfremden Gutachten den personellen Umbau der deutschen Universitäten im Sinne der nationalsozialistischen Ideologie kontinuierlich weiter.

Das Studium bildete für die Nationalsozialisten in der Dreiheit von «Arbeitsdienst – Wehrdienst – Wissensdienst» nur einen Teil, und nicht den wichtigsten. «Die wahre praktische Schule liegt im Arbeitsdienstlager, denn dort hören die Belehrungen und das Wort auf, und die Tat beginnt. Wer im Arbeitsdienstlager versagt, der hat das Recht verwirkt, Deutschland als Akademiker zu führen.» Nach dieser Maxime von Reichserziehungsminister Rust bestimmten immer mehr Einsätze wie Arbeitsdienst, Pflicht Sport, Fachschaftsarbeit, Fabrikdienst, Landdienst, Ernteeinsatz oder Grenzlandeinsatz das studentische Leben in den Ferien und teilweise sogar im Semester. Anfangs brachte man distanziert erscheinende Gruppen von Studienanfängern an ideologisch bereits sicheren Universitäten wie Kiel, Rostock, Greifswald oder Heidelberg unter. Ähnliche Ziele verfolgte der Versuch, alle Erstsemester in nationalsozialistisch geführten «Kameradschaftshäusern» zu kasernieren, der aber nicht weiter verfolgt wurde. Deshalb, und nicht etwa wegen weltanschaulicher Unverträglichkeit, beschlagnahmten die Nationalsozialisten die meisten Häuser der Verbindungen und behielten sie. Der Weg junger Wissenschaftler zum akademischen Lehrer wurde mit der Reichshabilitationsordnung vom 13.12.1934 ideologisiert. Sie wurden neben ihrer wissenschaftlichen Arbeit zu verpflichtenden mehrmonatigen «Gemeinschaftslagern» oder «Dozentenakademien» mit dem Ziel ihrer ideologischen Festigung einberufen. Die Fakultäten entschieden nur noch über die «Lehrbefähigung» im Fach und wurden einer Kontrolle durch das Reichserziehungsministerium unterworfen, dem das Recht vorbehalten blieb, die «Lehrbefugnis» an der Hochschule zu erteilen (ein Recht, das in einigen Ländern der Bundesrepublik erst recht spät an die Universitäten zurückgegeben wurde).

Wie der Nationalsozialismus Wissenschaft in der Sache umgestalten wollte, blieb den versammelten Professoren der Münchener Universität wohl hinreichend unklar, als ihnen der neue bayerische Kultusminister Hans Schemm 1933 erklärte: «Wir Nationalsozialisten stehen dieser so genannten Objektivität sehr skeptisch gegenüber. Wir sind in diesem Sinne nicht objektiv, sondern durchaus subjektiv. Die deutsche Wissenschaft soll subjektiv, d.h. nur deutsche Wissenschaft bleiben.» Schemenhafte Schlagworte von der Art «lebendiger Volksgebundenheit» verbanden sich bei dem Experimentalphysiker und Nobelpreisträger von 1905 Philipp Lenard mit starken Ressentiments gegen die «jüdische» Relativitätstheorie Einsteins. Im Vorwort zu seinem 1936 erschienenen Lehrbuch «Deutsche Physik» heißt es: «Deutsche Physik?, wird man fragen. Ich hätte auch arische Physik oder Physik der nordisch gearteten Menschen sagen können, Physik der Wirklichkeits-Ergründer, der Wahrheit-Suchenden, Physik derjenigen, die Naturforschung begründet haben.»

Betrachtet man einzelne Fächer, so traten die rassistisch-ideologische Rassenkunde oder die das Germanentum verherrlichende Vor- und Frühgeschichte und Indogermanistik erheblich nach vorne. Die Geschichtswissenschaft konzentrierte sich noch mehr auf das «Volk», und in der Philosophie gab es schon 1933 in München ein Seminar zur «Philosophie der marschierenden Mannschaft». Die Rechtswissenschaft war im Öffentlichen Recht durchgehend mit der Systematisierung und Erläuterung der neuen Institutionengefüge befasst, aber auch im unpolitisch erscheinenden Familienrecht mit den Konsequenzen der Nürnberger Rassengesetzgebung. In der Medizin fand man über die sogenannte Rassenhygiene zur Rechtfertigung der Euthanasie, zur Beteiligung daran und zu skrupellosen Versuchen an Menschen, deren Würde mit Füßen getreten wurde. Neben den Aufstieg dieses ideologisch ausgerichteten Wissenschaftsbetriebs, für den es noch viele weitere Beispiele gäbe, trat spätestens nach dem Beginn der massiven Aufrüstung für den Krieg durch den Vierjahresplan 1936 eine weitgehende Instrumentalisierung von Wissenschaft für Zwecke der geplanten Aggression. So wurden «Wehrwissenschaften» und «Luftschutz» neue Universitätsfächer und Forschungsfelder. Viele großzügig ausgestattete «Vierjahresplan-Institute» beschäftigten sich mit der Erweiterung der Rohstoffbasis für den Krieg durch die Suche nach «Ersatz»-Stoffen und die systematische Exploration von Lagerstätten in Deutschland und im Krieg auch in den okkupierten Gebieten. Ab 1942/43 ließen diese Aktivitäten aber deutlich nach und endeten 1945 völlig.

Die preußisch-deutsche Idee der Universität war in diesen Jahren an ein Ende gekommen, auch von innen heraus, von vielen ihrer Studierenden her und von vielen ihrer Lehrenden, die sich mit dem Nationalsozialismus arrangiert hatten. Nach 1933 bestand in gewisser Weise die einzige und letzte «université prussienne» (Dominique Trimbur) ausgerechnet in Jerusalem. Dort war die «Hebräische Universität» nach dem Modell der deutschen Forschungsuniversität seit 1902 durch Zionisten wie Chaim Weizmann und Wissenschaftler wie Martin Buber, Sigmund Freud, Albert Einstein und viele andere geplant und 1925, kurz nach dem «Technion» in Haifa, eröffnet worden.

12. Wiederanfang 1945 in beiden deutschen Staaten

1945 lag Deutschland in Trümmern, aber schon im Herbst ließen die Besatzungsmächte wieder erste Vorlesungen zu, soweit dies in den äußerlich notdürftigst geflickten Universitäten möglich war. Im Inneren ging es um die Frage der Verstrickung ihres Personals in die nationalsozialistische Diktatur, die mit seiner notwendigerweise raschen und pauschalisierenden Entnazifizierung pragmatisch gelöst wurde. So fielen in der amerikanischen und britischen Zone viele Studenten unter die Jugendamnestien für alle nach dem 1.1.1919 Geborenen. Bei den Professoren wurde näher hingesehen, aber doch in den vier Besatzungszonen unterschiedlich deutlich.

Eine strukturelle Reform der Universität blieb zunächst aus. Hervorzuheben sind aber die Signale konstruktiver Politik mit der Neugründung von Universitäten durch die französische Besatzungsmacht; neben der bereits erwähnten Speyerer «École» waren dies zwei Volluniversitäten. In Mainz wurde dabei schon 1946 eine – nicht mehr existierende – Universität «ermächtigt, ihre Tätigkeit wiederaufzunehmen», die sie 1798 bei der Übertragung französischen Rechts in das angegliederte linksrheinische Deutschland hatte beenden müssen. In Saarbrücken und Homburg sollte die 1947 der Universität Nancy angegliederte und 1948 selbstständige binationale «Universität des Saarlands» nicht zuletzt dazu beitragen, den Sonderstatus des Landes außerhalb der französischen Besatzungszone (und der entstehenden Bundesrepublik) zu befestigen. Ganz andere Ursprünge hatte die «Freie Universität» in Berlin, die 1948 als dritte Neugründung der Besatzungszeit im amerikanischen Sektor der Stadt neu errichtet wurde. Die alte Universität im sowjetischen Sektor der noch nicht wirklich geteilten Stadt hatte ihre Arbeit 1946 wieder aufgenommen. An dieser «Universität Berlin» machten sich jedoch zunehmend die ideologischen und politischen Vorgaben der Sowjetischen Militäradministration in Deutschland (SMAD) und der vordrängenden SED bemerkbar. Schon 1947 wurden Studenten verhaftet und von einem sowjetischen Militärtribunal wegen Bildung einer Untergrundorganisation mit 25 Jahren Zwangsarbeit bestraft. Gegen diese Umgestaltung der Universität erwuchs eine vor allem studentische Bewegung, die mit stiller Unterstützung des amerikanischen Stadtkommandanten General Clay die Gegen-Gründung einer «freien» Universität zu betreiben begann. Die Pläne wurden im Juni 1948 öffentlich, in den Tagen der Währungsreform und des Beginns der sowjetischen Blockade West-Berlins. Am 15.11. 1948 nahm die «Freie Universität» ihren Betrieb auf; in ihrem Statut war die Mitsprache der Studenten, ihrer Hauptgründer, stärker verankert als an jeder anderen deutschen Universität.

Die Zahl der Studierenden nahm in der jungen Bundesrepublik kontinuierlich zu. 1959 regte der Wissenschaftsrat an, neue Hochschulen zu errichten und setzte so einen Gründungsboom in Gang. In Nordrhein-Westfalen plante man als erstes eine zweite Technische Hochschule im industriellen Zentrum des Ruhrgebiets. Die Standortfrage ließ sich 1962 zunächst nur in einer Kampfabstimmung zu Gunsten von Bochum lösen; dort nahm 1965 die «Ruhr-Universität» als Volluniversität unter Einschluss der Ingenieurwissenschaften ihre Arbeit auf. Dortmund als unterlegener Konkurrent wurde ein Jahr später 1963 bedacht. Die dort 1968 eröffnete Universität macht ihren Schwerpunkt seit 2007 mit der Bezeichnung als «Technische Universität» deutlich. In der ganzen Bundesrepublik zeigte sich, dass Universitätsgründungen nicht nur ein Ziel von Wissenschaftspolitik waren, sondern zunehmend auch zum Mittel von Regionalpolitik wurden. Deutlich wurde das 1962 bei den Überlegungen zur Gründung einer Universität in Ostbayern, mit der auch die «Bildungsreserven» dort gehoben werden sollten. Die neue Universität Regensburg eröffnete 1966 als erstes ihre beispielhaft systematisch aufgebaute Universitätsbibliothek, bevor ab 1967 ihre Lehre einsetzte. Ihre Gründer hatten besonders eine «Belebung des Studienbetriebs» im Blick und wollten kleinere Seminare und alle Arten studentischer Initiativen besonders fördern. Konstanz entschied sich mit dem ausdrücklichen Anspruch, eine «Reformuniversität» zu werden, bei seiner Gründung 1965 anders als Regensburg gegen die überlieferten Fakultäten und Institute und begann 1966 seine Lehre in Einheiten mittlerer Größe, den Fachbereichen. Um die Jahrtausendwende veränderte sich die Universität Konstanz aus sich selbst heraus in einer «Universitätsreform nach der Universitätsreform» (Jürgen Mittelstraß), die nunmehr auf Förderung der Transdisziplinarität des Arbeitens schon in der Problemsicht zielt. Im Kontext dieser ersten neuen Universitäten wurde 1965 die schon seit Anfang des Jahrhunderts bestehende Medizinische Akademie in Düsseldorf zur Universität ausgeweitet und für Ostwestfalen eine neue Universität in Bielefeld ins Auge gefasst. Bei ihrer Planung wollten Paul Mikat und Helmut Schelsky den interdisziplinären Austausch fördern, u.a. durch die räumliche Konzentration aller Fächer. Aus einem Reformkonzept zur engeren Verzahnung von Medizin und Naturwissenschaften erwuchs seit 1967 auch die 1969 eröffnete Universität Ulm, die dabei auch von einer intensiven Bürgerinitiative getragen wurde. Viele weitere Universitätsgründungen folgten, und 1968 einigte sich die Kultusministerkonferenz auf die Schaffung einer neuen Hochschulart, der Fachhochschulen. Auf wissenschaftlicher Grundlage betreiben sie Lehre und Forschung mit anwendungsorientiertem Schwerpunkt. Durch die Einrichtung von Bologna-Studiengängen rückten sie an die Universitäten heran, die ihrerseits die Exklusivität ihres Promotionsrechts verteidigen.

Während so in der Bundesrepublik die dezentrale Wissenschaftspolitik der Länder nach einer gewissen Anlaufphase eine nach Motiven, Konzepten und Schwerpunkten sehr vielfältige Hochschullandschaft aufbaute, war die Entwicklung der Universitäten in der DDR von ziemlich rigidem Zentralismus bestimmt. Über Jahrzehnte hinweg verkörperte ihn Kurt Hager, der seit 1952 im ZK der SED für Wissenschaft und Hochschulen und von 1963 bis 1989 im Politbüro der SED für Wissenschaft und Kultur zuständig war. Die Wissenschaftspolitik der SMAD bis 1949 und dann der DDR war stark am sowjetischen

Vorbild orientiert. Die ehemals Preußische Akademie der Wissenschaften wurde 1946 als «Deutsche Akademie der Wissenschaften» wieder eröffnet und sollte wie in der UdSSR zur zentralen Forschungseinrichtung werden. Dazu übernahm sie von den noch existierenden Ländern der SBZ die Forschungsinstitute der Kaiser-Wilhelm-Gesellschaft und wurde darüber hinaus personell erheblich aufgestockt. An den ab September 1945 in der ersten Hochschulreform wiedereröffneten Universitäten kamen nationalsozialistisch belastete Professoren viel weniger als in der Bundesrepublik wieder zum Zuge. Nur jeder sechste vor 1945 tätige Professor lehrte auch noch zwei Jahre später – doch einige Jahre später verhielt sich das in den ideologieferneren naturwissenschaftlichen und technischen Fächern schon wieder anders, denn man brauchte Fachleute. Neue Professoren kamen jedoch überwiegend nicht so sehr aus fachlicher Qualifikation, sondern aus politischen Gründen ins Amt. Die Ausbildung der künftigen Partei- und Staatseliten betrieben jenseits der Universitäten ausgelagerte und besonders geförderte Partei- und Gewerkschaftshochschulen. Institutionell wurden die Professoren durch die Abschaffung des Beamten-Status weiter geschwächt; die traditionellen Selbstverwaltungsrechte als Korporation waren ihnen schon im Nationalsozialismus weitgehend genommen worden. Die klassischen Philosophischen Fakultäten sollten durch neue Pädagogische Fakultäten ausgetrocknet und die Studierenden gezielt politisch ausgewählt werden. Die ab 1949 errichteten (und 1963 fast alle wieder aufgelösten) «Arbeiter- und Bauernfakultäten» förderten besonders nach Klassengesichtspunkten. Institutionell entschied seit 1949 überall ein ernannter «Studentendekan» über die Zulassung zur Immatrikulation und die Vergabe von Stipendien bis zur «Aspirantur» für Nachwuchswissenschaftler. Eine zweite Hochschulreform brachte 1951/52 die Einrichtung des Staatssekretariats, später Ministeriums für das Hochschulwesen. Das bisher noch relativ freie Studium wurde in das Gerüst von klar strukturierten Studienjahren gepackt, in denen das obligatorische Grundlagenstudium im Fach «Marxismus-Leninismus» und der Unterricht im Russischen ihren festen Platz erhielten. Die dritte

Hochschulreform 1967, als für alle Unzufriedenen nach dem Bau der Mauer die Alternative der Flucht in den Westen entfallen war, zielte auf die verstärkte Ressourcennutzung durch Konzentration und die jetzt viel verlässlichere Personalplanung. An den Universitäten brachte das eine Spezialisierung in Form konkurrenzloser Monopole mit sich und ließ in der Folge die bislang verpönte Berufung eines Professors aus dem eigenen Haus zur Regel werden, zumal auch die Habilitation abgeschafft wurde. Organisatorisch wurden die Fakultäten in kleinere, überschaubarere und besser zu kontrollierende Sektionen geteilt und dabei die von Professoren geleiteten Institute aufgelöst. An der Akademie konzentrierte sich die Forschung in neuen «Zentralinstituten». In deutschlandpolitischer Abgrenzung wurde sie 1972 zur «Akademie der Wissenschaften der DDR». Alle Einheiten in Forschung und Lehre waren hierarchisch dem Ministerium untergeordnet; parallel dazu gab es Parteileitungen auf den verschiedenen Ebenen, die als «Kaderpolitik» die eigentliche Personalbeurteilung und -auswahl betrieben. Die Forschung konzentrierte sich stärker in der Akademie und ihren Forschungsinstituten, während für die Universität neben der Lehre vor allem die neue Aufgabe einer «sozialistischen» Erziehung blieb.

Die Wiedervereinigung zu einem freiheitlichen und pluralistischen Wissenschaftssystem ab 1990 konnte von diesen inneren Strukturen des Hochschulwesens in der DDR nichts übernehmen. In der Perspektive vieler dort Tätiger war sie nicht eine erstrebte Chance zu freiem, eigenständigem Denken, sondern bedeutete oft ein Ende der Karriere und hat daher einfach nur einen bitteren Geschmack. Vom Wissenschaftssystem her betrachtet, hat eine einzelne Generation von jüngeren Professoren und Forschern aus der alten Bundesrepublik durch den Neuaufbau der Universitäten in den neuen Ländern eine einmalige berufliche Chance erhalten und erfolgreich genutzt. Die gemeinsame neue Herausforderung der jüngsten Gegenwart kommt mit den Bologna-Reformen aus der europäischen Integration.

Epilog: Von Bologna nach Bologna

Unweigerlich führt der Blick auf die Geschichte der europäischen Universität, der mit Bologna begonnen hat, zu dem anderen «Bologna» am Beginn des neuen Jahrtausends. Ausgehend von dem Programm eines europäischen Forschungsraums («European Research and Innovation Area»), in das seit 1986 über mehrjährige europäische Rahmenprogramme erhebliche Mittel fließen, falls die Forschungsprojekte in den vorgeplanten Rahmen für Innovation passten, haben die Europäische Kommission und die Staaten der Europäischen Union mit der Bologna-Erklärung von 1999 auch den Europäischen Hochschulraum («European Higher Education Area») proklamiert.

1988 hatten beim Jubiläum der Universität Bologna noch fast 400 Universitätsrektoren eine «Magna Charta Universitatum» unterzeichnet und hielten darin grundlegende Werte der europäischen Universität fest. Besonders hoben sie dabei hervor die Autonomie der Universitäten im Rahmen ihrer jeweiligen, sehr verschieden organisierten Gesellschaften, die untrennbare Verbindung von Lehre und Forschung, ihr Selbstverständnis als privilegierte Stätten der Begegnung zwischen akademischen Lehrern und Studenten und die Gewährung von Freiheit für die Studenten zur Erreichung ihrer (eigenen) Ziele. Programmatisch nahmen sie den europaweiten Austausch von Lehrenden und Studierenden, eine Angleichung von Titeln und Prüfungen «unter Beibehaltung nationaler Diplome» und eine breitere Vergabe von Stipendien in den Blick. Nachdem die Europäische Union im Vertrag von Maastricht eine Rahmenzuständigkeit für das bisher doch als ein Hort der Nationalstaatlichkeit geltende allgemeine Bildungswesen gewonnen hatte, beschlossen die Bildungsminister Frankreichs, Großbritanniens, Italiens und Deutschlands (und nicht etwa die Universitätsrektoren) am 25.5.1998 beim Jubiläum der Pariser Sorbonne in einem Alleingang die nach dieser Vorgeschichte doch etwas erstaunliche «Sorbonne-Erklärung». Dieser intergouvernementale Text wird vielfach als Mittel zur Unterstützung nationaler Hochschulpolitik(en) verstanden. Er liest sich in seinen verschiedenen sprachlichen Fassungen nicht unbedingt gleich, besonders bei den Zielen der Minister. In den Hochschulen sollen die Studenten denjenigen Platz suchen und «finden, für den sie am besten geeignet sind», wobei die alternativen Formulierungen «find their own area of excellence» und «trouver leur propre domaine d'excellence» viel mehr von eigenen Entscheidungen des Individuums ausgehen. Die Minister entwarfen das Studium als eine Abfolge von zwei Phasen, einer ersten, die zu einer «angemessenen beruflichen Qualifikation» (dagegen «appropriate level of qualification» ohne Bezug auf den Beruf) für den Arbeitsmarkt führen sollte, und einer zweiten, der «Postgraduiertenphase», die zum Master und/oder zur Promotion führen sollte. Schließlich verpflichteten sie sich, sich für einen «gemeinsamen Rahmen» (dagegen viel offener «cadre commun de référence») einzusetzen, genauer für eine «progressive Harmonisierung der gesamten Rahmenbedingungen» (wogegen ein «overall framework» gerade nicht in Detailregeln geht).

Aus diesen ungleichen Vorgaben zur Angleichung und Vereinheitlichung des Hochschulstudiums in Europa ist in der Realität eine überaus bunte Vielfalt von nationalen Modellen erwachsen. Die fünf Jahre des Studiums über den B.A. zum M.A. können aufgeteilt sein in 3 + 2 oder nach amerikanischer Übung in 4 + 1 Jahre; beides ist nicht ohne Weiteres miteinander kompatibel. Von der Vereinheitlichung der akademischen Grade zu B.A. und M.A. gibt es viele Ausnahmen, die der Integration in eigene Traditionen geschuldet sind. So heißt in Frankreich das Bologna-System «Licence – Master – Doctorat» (LMD); dabei vergeben die Universitäten einen Master, während die Grandes Écoles einen «Mastère» verleihen, nach jeweils unterschiedlichen Regeln. In Italien wird man schon durch die dem B.A. entsprechenden «laurea» ein «dottore», dann durch die «laurea magistrale» ein «dottore magistrale»; der Promotion zum deutschen Dr. oder zum Ph.D. entspricht nur der «dottore di ricerca». Die europäische Mobilität der Studierenden, ein Hauptziel, ist wohl nicht wirklich gestiegen; vielfach sind die Zeitfenster für einen Auslandsaufenthalt limitierter als zuvor. Der aufnehmende Arbeitsmarkt darf inzwischen auf weit über 9000 B.A.-Studiengänge und fast 24 000 M.A.-Studiengänge in Europa (tagesaktuell zu überprüfen auf www.mastersportal.eu) reagieren; wie die Personalverantwortlichen dies tun, ist noch wenig erforscht. Die Vielzahl der Studiengänge entspringt einer stark differenzierenden, im «Hochschulmarketing» nach «Marktlücken» suchenden Orientierung an möglichen Berufsfeldern; die Universität wird zum Teil «zur Berufsakademie umgebaut» (Julian Nida-Rümelin). Der Preis dafür ist ein gewisser Verlust der Kenntnis des jeweiligen «Fachs» als Ganzes und erst recht seiner Bezüge zu Nebenfächern, die aus der kritischen Haltung der Wissenschaft kommt, dem synthetisierenden Blick auf die Zusammenhänge von Wissen und ihrer Offenheit für grundsätzliche Fragen, seien sie praxisrelevant oder nicht. Die neuen Modulhandbücher haben etwas Abgeschlossenes, das im neuen Studium genau einem «work-load» aus jährlich 48 Arbeitswochen mit jeweils fünf Acht-Stunden-Arbeitstagen entspricht. In Zeiten des lebenslangen Lernens braucht man vor allem bleibende (und unverrückbare?) «Kompetenzen», eine von den Erziehungswissenschaften ausgehende didaktische Neuorientierung, der die Fachwissenschaften noch nicht wirklich folgen. Trotz allem versteht sich Wissenschaft immer noch weithin «als etwas noch nicht ganz gefundenes und nie ganz aufzufindendes».

Zeittafel

um 1000	Medizinische Schule in Salerno
um 1080	Rechtsschule in Bologna
um 1150	Theologie- und Logikschulen in Paris
1155	Schützende Scholarenkonstitution von Kaiser Friedrich Barbarossa
um 1180	Wegzug von Paris nach Oxford
um 1210	Wegzug von Oxford nach Cambridge
1218	König Alfonso IX. von León gründet die Universität Salamanca
1222	König Friedrich I. von Sizilien (als Kaiser: Friedrich II.) gründet die Universität Neapel
1231	Papst Gregor IX. privilegiert die Genossenschaft der Lehrenden in Paris
1348	Kaiser Karl IV. gründet die erste mitteleuropäische Universität in Prag in seinem Königreich Böhmen
1413	Erste schottische Universität in St. Andrews
1527	Privileg für die erste lutherische Universität in Marburg durch Kaiser Karl V.
1530	‹Collège des trois langues› (heute: ‹Collège de France›) in Paris außerhalb der Universität
ab 1538	Erste (spanisch-)amerikanische Universitäten in Santo Domingo/Haiti, Lima und Mexiko
1575	Gründung der calvinistischen Universität Leiden (ohne päpstliches/kaiserliches Privileg)
1592	Anglikanisches Trinity College in Dublin
1611	Erste (spanisch-)asiatische Universität in Manila/Philippinen
1638	Stiftung von Harvard College in Cambridge, Mass.
1694	Gründung der ‹Reformuniversität› Halle
1737	Eröffnung der ‹Reformuniversität› Göttingen
1745	Braunschweiger Collegium Carolinum als Verbindung von Spezialhochschulen
1782	Joseph II. reduziert österreichische Universitäten auf Beamtenausbildung

1793	Revolutionäres Dekret zur Auflösung aller Universitäten in Frankreich (in Kraft bis 1896)
1794	Gründung der neuartigen ‹École Polytechnique› in Paris
1810	Gründung der Berliner Friedrich-Wilhelms-Universität, die zum Modell der deutschen Forschungsuniversität wird
1819	Karlsbader Beschlüsse zur politischen Überwachung deutscher Universitäten
1848	Studenten als Träger der Revolution in Wien, Prag, Neapel
1833	Erste neue kantonale Universität der Schweiz in Zürich
1833	Erster Versuch eines umfassenden technischen Bildungssystems bis zur Universität in Bayern
1836	Konfessionell freie ‹University of London›
1847	‹Bedford (heute: ‹Royal Holloway›) College› in London als erstes reines Frauen-College in England
ab 1848	Ausbau der Universität München zur Forschungsuniversität unter König Maximilian II.
1854	Thun-Hohensteinsche Universitätsreform in Österreich nach deutschem Vorbild
1855	Eidgenössische Polytechnische Schule in Zürich
1858	Erstmals Herauslösung einer Mathematisch-Naturwissenschaftlichen aus der Philosophischen Fakultät in Zürich
ab 1862	Forschungsdoktor (Ph. D.) und dann Studierfreiheit nach deutschem Modell an amerikanischen Universitäten
1865–1899	Aufstieg der deutschen Technischen ‹Hochschulen›, zuletzt mit Verleihung des Promotionsrechts
1867	Beginn regelmäßiger Doktorpromotionen von Frauen in Zürich
1868	Auslagerung von Forschung in die ‹École Pratique des Hautes Études› in Paris
1875	Kaiser-Franz-Josephs-Universität (Lehrsprache: Deutsch) im österreichischen Czernowitz/Bukowina
ab 1882	Untergrunduniversität besonders für Frauen im russisch besetzten Warschau
1898	Erste Habilitation einer Frau in Bern
1898	Preußens Wissenschaftspolitiker Althoff schafft Vorläufer der Kultusministerkonferenz
1900	Reguläres Frauenstudium an den badischen Universitäten Heidelberg und Freiburg
1904	Weltausstellung in St. Louis und Beginn des deutsch-amerikanischen Professorenaustauschs
1907	Erste Frau als Diplom-Ingenieurin in Lausanne

1910	Auslagerung von Forschung in Institute der neuen ‹Kaiser-Wilhelm- (heute: Max-Planck-) Gesellschaft e. V.›
1914	Bürgerliche Stiftungsuniversität in Frankfurt/Main
1921	‹Wirtschaftshilfe der Deutschen Studentenschaft› gegen Unterernährung und Wohnraumnot
1923	Erste Frau als Lehrstuhlinhaberin in Deutschland in Hohenheim
1925	Eröffnung der Hebräischen Universität in Jerusalem
1927	Urabstimmung der preußischen Studenten mit 77% gegen Bindung an die Grundwerte der Verfassung
1929	Erstmals Mehrheit für Nationalsozialisten bei Studentenschaftswahlen in Erlangen
1931	Höchste Studentenzahl in Deutschland bis nach 1945
1933	Vertreibung von mindestens einem Sechstel der Professoren aus der Universität und Einführung des Führerprinzips
1946–48	Frankreich errichtet Universität Mainz, Hochschule Speyer und Universität des Saarlandes
1948	Gründung der ‹Freien Universität› im amerikanischen Sektor Berlins durch Studenten und Professoren der alten Universität im sowjetischen Sektor
1949	‹Arbeiter- und Bauern-Fakultäten› in der DDR (bis 1963)
1952	2. Hochschulreform der DDR bringt Marxismus-Leninismus und Russisch als Pflichtfächer
1962	Beginn von Universitätsgründungen der Bundesrepublik mit der Ruhr-Universität Bochum
1967	3. Hochschulreform der DDR löst Fakultäten und Institute zugunsten kleinerer Sektionen auf
1988	‹Magna Charta Universitatum› von 400 Rektoren beim Jubiläum der Universität Bologna
1998	‹Sorbonne-Erklärung› von Bildungsministern beim Jubiläum der Pariser Universität
2006	Gesetz zur Stärkung der universitären Forschung in Frankreich

Quellen und Literatur

Anrich, Ernst (Hg.): Die Idee der deutschen Universität. Die fünf Grundschriften aus der Zeit ihrer Neubegründung durch klassischen Idealismus und romantischen Realismus, Darmstadt 1956.

Ash, Mitchell G. (Hg.): Mythos Humboldt. Vergangenheit und Zukunft der deutschen Universitäten, Wien 1999.

Boockmann, Hartmut: Wissen und Widerstand. Geschichte der deutschen Universität, Berlin 1999.

Bourdieu, Pierre: La noblesse d'État. Grandes Écoles et esprit de corps, Paris 1989 [deutsch: Der Staatsadel, Konstanz 2004].

Brocke, Bernhard vom (Hg.): Wissenschaftsgeschichte und Wissenschaftspolitik im Industriezeitalter. Das «System Althoff» in historischer Perspektive, Hildesheim 1991.

Bruch, Rüdiger vom/Müller, Rainer A. (Hg.): Formen außerstaatlicher Wissenschaftsförderung im 19. und 20. Jahrhundert. Deutschland im europäischen Vergleich, Stuttgart 1990.

Charle, Christophe/Verger, Jacques: Histoire des universités, Paris 2007 (2. Aufl.).

Connelly, John/Grüttner, Michael (Hg.): Zwischen Autonomie und Anpassung. Universitäten in den Diktaturen des 20. Jahrhunderts, Paderborn 2003.

Defrance, Corine: Les Alliés occidentaux et les universités allemandes 1945 – 1949, Paris 2000.

Die deutsche Universität im Dritten Reich. Eine Vortragsreihe der Universität München, München 1966.

Ellwein, Thomas: Die deutsche Universität. Vom Mittelalter bis zur Gegenwart, Frankfurt/Main 1992.

Flexner, Abraham: Universities. American, English, German, New York 1930 [dt.: Die Universitäten in Amerika, England, Deutschland, Berlin 1932].

Geiger, Roger L.: To advance Knowledge. The Growth of American Research Universities, 1900 – 1940, New York 1986.

Grüttner, Michael/Kinas, Sven: Die Vertreibung von Wissenschaftlern an deutschen Universitäten 1933–1945, in: Vierteljahrshefte für Zeitgeschichte 55 (2007), S. 123–186.

Hammerstein, Notker: Antisemitismus und deutsche Universitäten 1871 – 1933, Frankfurt/Main 1995.

Jacob, Christian (dir.): Lieux de savoir, t. 1: Espaces et communautés, Paris 2007.

Jarausch, Konrad H.: Deutsche Studenten 1800 – 1970, Frankfurt/Main 1984.

Kater, Michael H.: Studentenschaft und Rechtsradikalismus in Deutschland 1918 – 1933. Eine sozialgeschichtliche Studie zur Bildungskrise in der Weimarer Republik, Hamburg 1975.

Kluge, Alexander: Die Universitäts-Selbstverwaltung. Ihre Geschichte und gegenwärtige Rechtsform, Frankfurt/Main 1958.

Kopetz, Hedwig: Die Idee der Universität bei Humboldt, Jaspers, Schelsky und Mittelstraß, Wien 2002.

Langewiesche, Dieter: Die «Humboldtsche Universität» als nationaler Mythos. Zum Selbstbild der deutschen Universitäten im Kaiserreich und in der Weimarer Republik, in: Historische Zeitschrift 290 (2010), S. 53–91.

Mallmann, Luitwin: Französische Juristenausbildung im Rheinland 1794 – 1814. Die Rechtsschule von Koblenz, Köln 1987.

Malycha, Andreas (Hg.): Geplante Wissenschaft. Eine Quellenedition zur DDR-Wissenschaftsgeschichte von 1945 bis 1961, Leipzig 2003.

Manegold, Karl-Heinz: Universität, Technische Hochschule und Industrie. Ein Beitrag zur Emanzipation der Technik im 19. Jahrhundert, Berlin 1970.

McClelland, Charles: State, Society, and University in Germany 1700 – 1914, Cambridge, Mass. 1980.

Merton, Robert K.: Auf den Schultern von Riesen. Ein Leitfaden durch das Labyrinth der Gelehrsamkeit, Frankfurt/Main 1983.

Moraw, Peter: Die Universität Prag im Mittelalter. Grundzüge ihrer Geschichte im europäischen Zusammenhang, in: Die Universität zu Prag, München 1986, S. 9–134.

Müller, Rainer A.: Geschichte der Universität. Von der mittelalterlichen Universitas zur deutschen Hochschule, München 1990.

Musselin, Christine: Les universitaires, Paris 2008.

Nida-Rümelin, Julian: Zur Aktualität der humanistischen Universitätsidee, in: Was passiert? Stellungnahmen zur Lage der Universität, Zürich 2010, S. 121–138.

Pfetsch, Frank R.: Zur Entwicklung der Wissenschaftspolitik in Deutschland 1750 – 1914, Berlin 1974.

Rüegg, Walter (Hg.): Geschichte der Universität in Europa, 4 Bde., München 1993–2010.

Schalenberg, Marc: Humboldt auf Reisen? Die Rezeption des «deutschen Universitätsmodells» in den französischen und britischen Reformdiskursen (1810–1870), Basel 2002.

Schelsky, Helmut: Einsamkeit und Freiheit. Idee und Gestalt der deutschen Universität und ihrer Reformen, Hamburg 1963.

Schwinges, Rainer Christoph (Hg.): Humboldt international. Der Export des deutschen Universitätsmodells im 19. und 20. Jahrhundert, Basel 2001.

Schwinges, Rainer Christoph (Hg.): Finanzierung von Universität und Wissenschaft in Vergangenheit und Gegenwart, Basel 2005.

Stone, Lawrence (ed.): The University in Society, 2 vol., Princeton, NJ/Oxford 1975.

Trimbur, Dominique: Les racines allemandes de l'Université hebraïque, in: Bourel, Dominique/Motzkin, Gabriel (dir.): Les voyages de l'intelligence. Passages d'idées et des hommes. Europe, Palestine, Israel, Paris 2003, S. 247–267.

Turner, R. Steven: The Prussian Universities and the Concept of Research, in: Internationales Archiv für Sozialgeschichte der deutschen Literatur 5 (1980), S. 68–93.

Vasconcellos, Maria: L'enseignement supérieur en France, Paris 2006.

Weber, Wolfgang E. J.: Geschichte der europäischen Universität, Stuttgart 2002.

Weischedel, Wilhelm (Hg.): Idee und Wirklichkeit einer Universität. Dokumente zur Geschichte der Friedrich-Wilhelms-Universität zu Berlin. Zur 150. Wiederkehr des Gründungsjahrs, Berlin 1960.

Wickert, Ulrich: Bizutage: Sex und Gewalt formen die Elite, in: Wickert, Ulrich: Und Gott schuf Paris, München 2002, S. 227–244.

Personenregister

Orts- und Universitätsregister